校园欺凌的预防与应对问题研究

柏莉娟◎著

河北出版传媒集团
方圆电子音像出版社

图书在版编目（CIP）数据

校园欺凌的预防与应对问题研究 / 柏莉娟著. -- 石家庄：方圆电子音像出版社，2022.3
ISBN 978-7-83011-426-8

Ⅰ. ①校… Ⅱ. ①柏… Ⅲ. ①校园－暴力行为－预防－研究 Ⅳ. ①G474

中国版本图书馆 CIP 数据核字（2021）第 212228 号

校园欺凌的预防与应对问题研究
柏莉娟　著

选题策划	张　磊　赵　彤
责任编辑	赵　彤　彭　蕾
美术编辑	陈　瑜

出版发行	河北出版传媒集团　　方圆电子音像出版社有限责任公司
	（石家庄市天苑路 1 号　　邮政编码：050061）
印　　刷	三河市嵩川印刷有限公司
开　　本	787 毫米×1092 毫米　　1/16
印　　张	16
字　　数	212 千字
版　　次	2022 年 3 月第 1 版
印　　次	2022 年 3 月第 1 次印刷
定　　价	68.00 元

版权所有　侵权必究

目录 | Contents

绪　论 / 1

第一章　校园欺凌的实质 / 1

第一节　校园欺凌的定义 / 3

第二节　校园欺凌的角色与分类 / 9

第三节　校园欺凌的特征与危害 / 23

第四节　校园欺凌行为发生的理论基础 / 27

第五节　校园欺凌与校园暴力的关系 / 30

第六节　校园欺凌的界定 / 31

第七节　校园欺凌的成因探析 / 34

第八节　校园欺凌的现状 / 43

第二章　言语欺凌与网络欺凌 / 47

第一节　言语欺凌 / 49

第二节　网络欺凌 / 61

第三章　中美校园欺凌防治的比较 / 83

第一节　中美校园欺凌现象比较 / 85

第二节　中美校园欺凌防治比较 / 93

第三节　美国校园欺凌防治对我国防治校园欺凌的启示 / 104

第四章　学生该如何预防和应对校园欺凌 / 115

第一节　从我做起，预防校园欺凌 / 117

第二节　化解欺凌行为的方法 / 124

第三节　给欺凌者的建议 / 127

第五章　学校该如何预防和应对校园欺凌 / 131

第一节　教师对校园欺凌的预防与应对 / 133

第二节　学校预防校园欺凌的措施 / 140

第三节　学校应对校园欺凌的措施 / 150

第六章　家长该如何预防和应对校园欺凌 / 153

第一节　校园欺凌事件产生的家庭成因与改善方法 / 155

第二节　"校园欺凌"启蒙教育的重要性 / 158

第三节　孩子遭受校园欺凌的表现与家长的冷静做法 / 159

第四节　家长如何与孩子"协同作战" / 161

第五节　被欺凌者家长与欺凌者家长互通交流 / 163

第七章　社会工作介入干预校园欺凌 / 165

第一节　社会工作介入防治校园欺凌的价值理论基础 / 167

第二节　社区工作介入防治校园欺凌的方案与实施 / 169

第三节　X 中学预防校园欺凌行为情况分析 / 170

第四节　社会工作介入防治校园欺凌的措施 / 176

第八章　我国反校园欺凌的立法研究 / 179

第一节　校园欺凌立法的必要性 / 181

第二节　校园欺凌立法内容 / 182

第三节　我国校园欺凌立法内容框架 / 184

第四节　我国校园欺凌现有法治内容概述 / 191

第五节　我国校园立法之对策研究 / 194

第六节　我国校园欺凌案件分析 / 203

附　录 / 207

附录一　《中华人民共和国未成年人保护法》（修正本）/ 207

附录二　《中华人民共和国预防未成年人犯罪法》（修正本）/ 217

附录三　教育部等九部门关于防治中小学生欺凌和暴力的
指导意见 / 226

附录四　关于开展校园欺凌专项治理的通知 / 231

附录五　加强中小学生欺凌综合治理方案 / 233

参考文献 / 242

绪　论

1995年1月，北爱尔兰贝尔斯特市，玛利亚·麦戈文时常在学校受到同学们羞辱，同学们对她恶语相向，甚至对她拳打脚踢。在长期的精神与肉体的折磨下，玛利亚·麦戈文产生了轻生的念头，她服用了大量的安眠药用来结束自己年轻的生命。在她死后，她的父母翻看她的遗物时发现了她留下的笔记，在笔记中记载着她被欺凌的经历以及她屈辱的感受。

1997年4月，加拿大不列颠哥伦比亚省，纳奈莫市，一名四年级男孩对另一名嘲弄他的学生掏出一把刀。这名四年级的小男孩一直在学校受到同学们的霸凌，这一过程持续了一年多。这名小男孩的母亲说："他在学校遭遇霸凌，导致他的学习生涯无法正常开展，在不得已的情况下，他选择放弃所有的体育项目，所有的功课，最终选择了退学。他自始至终都非常愤怒，他不明白，明明受到伤害的人是他自己，为什么他只能一味地退让，而真正的行凶者却得不到任何惩罚。"在这次持刀事件发生以后，学校要求小男孩和他的家人一同参与情绪管理课程，但是学校却没有对那些曾经欺负他的学生做出任何惩治措施。

1997年8月，新西兰，因弗卡吉尔市，15岁的男孩马克·鲁登克劳自杀。据验尸报告这样陈述："导致男孩自杀的重要原因是近几个月来他所遭受的欺凌和伤害。"

1997年11月14日，加拿大不列颠哥伦比亚省维多利亚市，14岁的里纳在被同学诱拐、受到攻击和殴打致不省人事后死亡。她的胳膊、脖子和后背被蓄意折断后，尸体被丢进了乔治湾。这起杀人事件爆发之前，里纳是一个长期在学校遭受欺辱的棕色皮肤女孩。里纳非常想找到一个能让自己栖息的群体，她渴望有一帮小伙伴能够跟她一起玩耍，她是如此渴望被接纳。即便里纳心里是这么想的，她的同学们却不能让她如愿以偿，她们持续对她百般嘲笑。最令人感到恶寒的是，在有人向警察局告发以前，学校里数百名学生都知道她被长期羞辱的事实，甚至很多学生知道她死亡的消息。导致里纳死亡的罪魁祸首是两名未成年少女，当天她们将里纳诱拐到了水边，并对她进行围殴，导致里纳当场死亡。其中一名14岁的少女说她这样做的原因是因为里纳在四处散布有关她的谣言，另一名16岁的女孩儿对里纳的不满则是源于她觉得里纳与自己的男朋友有染。最终这两名女孩儿被判处了一年拘留，缓刑一年。

1999年1月，英国曼彻斯特市，8岁的玛丽·本瑟姆因感到无法再继续忍受校园欺凌，用跳绳在卧室上吊自尽。玛丽被认为是英国本土年龄最小的受欺凌自杀者。

1999年4月20日，美国科罗拉多州利特尔顿市，埃里克·哈里斯和迪伦科·莱博德使用攻击性武器和自制炸弹围攻了他们的高中。两名男孩儿杀害了12位同学和1位老师，造成了18人受伤后，他们随后自尽。造成这起恶劣事件的原因在于两名男孩儿生前曾经遭受到奚落和嘲弄。曾经有学生在没有任何证据的情况下，指控俩人携带大麻，随后俩人的私人物品被无端搜查。随后还发生了一件事情比被搜查更具有侮辱性：

同学们围住了他们，用番茄酱喷射他们，把他们弄得浑身都是番茄酱，并嘲笑辱骂他们。更可怕的是，他们的老师就站在旁边当一个毫无关系的旁观者，丝毫没有尝试去阻止这些学生的行为。两个人就像身处孤岛一样，叫天天不应叫地地不灵，根本无力反抗。埃里克·哈里斯和迪伦科·莱博德在傍晚回到家的时候全身还沾满了番茄酱。埃里克在绝命书中写道，他和迪伦很显然被同学们孤立和欺负了，而如今，"以牙还牙"的时间到了。

1999年4月，加拿大亚伯达省坦纳市，一位14岁的"家里蹲"中学生在学校走廊上枪毙了一个年仅17岁的学生。这位"家里蹲"同学不来学校上学，而是在家完成功课，因为他长年遭受同学们的欺辱。同学们形容他是"我们大家最好的出气筒"。有一名学生还说："有时候，有的同学会将他堵到更衣室里，对他强行搜身，甚至有的学生会挑衅他，试图与他打架等，但是以上这些恶劣行为他都忍了。这些欺凌者也知道了他根本不会还手。"

在枪击案发生的那个夏天，在一次集体出游活动上，这名同学被困在一块尖角的岩石上动弹不得，上不去也下不来。面对他的困境，同学们非但没有伸出援助之手，反而在一旁嘲笑和贬低他。

2000年11月10日，加拿大不列颠哥伦比亚省米申市，14岁的玛丽亚在她的卧室中用拴狗的皮带上吊自杀。她的绝命书中点名提到她学校的三个女孩儿，说是她们的欺凌把她逼向死亡之路："如果我寻求帮助，事情会变得更糟。她们是很难搞的女孩儿，总能找到新的目标并对其痛击。如果我告发她们，她们可能会被停学，但却没有人能阻止她们继续欺负人。我好爱你们，爱你们所有人。"信中提到的三个女孩儿事后被停学，并被控告故意伤害罪。

2001年1月，美国科罗拉多州霍利约克市，14岁的女孩儿米兰达在自己家中用枪自杀。她的父母对校方提出了诉讼，声称校方没有"严肃认真地处理女儿遭受的性骚扰事件和其造成的后果"，他们指控学区"未能为他们的女儿提供一个安全稳定、无性骚扰危害的学习环境"。根据诉状，强奸事件发生时，米兰达是一名12岁的学生。在事情发生后的第一时间米兰达就向自己所在的学校告发，说一名她所在乡村社区里颇有名气的16岁学生运动员强奸了她。这名学生运动员也承认了自己的所作所为，最终被判处二级强奸罪、缓刑四年和延期判决。（这位男生后来又被指控强奸另一名女孩儿并使其怀孕，亲子鉴定显示他是女孩儿所生孩子的父亲。）

米兰达的父母之所以控告学校，原因在于学校没有采取任何措施阻止学生和老师侮辱他们的女儿。米兰达在学校被他们骂成荡妇和妓女。米兰达明明是一位受害者，但是却被一直指责和羞辱，只因强奸她的那名学生是一个知名运动员。与此同时，她的父母说学校没有对强奸米拉达的男孩进行任何管教措施，反而是他们的女儿米兰达收到了禁令。这对父母还指出，有一位篮球教练，是米兰达的老师，曾经很明确表示支持那位男生。在他的课上，他要求米兰达站到强奸她的那位男生旁边，丝毫不在意要求男生不能出现在米兰达视线范围内的禁令。校方否认了指控中的所有过失。

2001年3月7日，美国宾夕法尼亚州威廉斯波特市，一名14岁的8年级学生伊丽莎白将她父亲的枪带到学校，射伤了一个同学。这位同学曾经是她的好朋友，但是朋友却变心了，不仅不帮助遭遇欺凌的她，反而还转身加入了欺凌者的队伍，帮助那些欺凌者一起欺负伊丽莎白。

2001年11月，日本东京市，一名小男孩儿刺伤了欺凌者。他试图用这种方式来结束（发生在他身上）持续几个月的欺凌。

2002年4月8日，日本大津市，有一名年仅13岁的小男孩儿选择了跳楼自尽。他自杀的原因在于忍受不了同学们对他的长期羞辱。这些霸凌者们曾经在他生前强迫他进食纸张和死蜜蜂，有些人还捆绑他，并用胶带将他的嘴巴封死，更过分的是，有些人强迫他练习自杀。在种种折磨之下，这名小男孩儿萌生了轻生的念头，并在死前给那些霸凌者发去了短信，说道："我要去死了。"霸凌者们的回复是："你早该死了。"

2012年，美国有线电视新闻网报道，韩国大邱一名13岁的男孩从7层楼的自家窗户跳下自杀身亡。他留下的遗书中详细描述了自己被同学们用棍棒和拳击手套重打、用打火机烧伤、用电线像扎皮带一样绑在他脖子上等暴力行径。他还写道，在身体攻击之前，他曾长年累月地遭受言语欺凌、勒索和羞辱。

…………

以上的大量事例表明，校园欺凌存在的时间之久、范围之广，已经遍布了全世界。事例中的孩子们遭受的都是持续性的欺凌，但是这些欺凌行为并没有引起公愤，也没有人对这些行为提出实质性的反对，更没有人干预或介入到事件中去，向被欺凌者伸出援助之手。事实上，这些悲剧是可以避免发生的。欺凌是一种习得行为，既然是习得行为，那么就能改变。

欺凌是一个十分严重的问题，它会给孩子带来巨大的伤害，给学校、给社会带来巨大的负面影响，但无论是家长、老师和学校，还是社会，都会对其掉以轻心。作为家长，作为老师和学校，不能再这样继续下去。

全世界每天都会有成千上万的学生带着恐惧和忧虑去上学，他们的正常生活被打扰，他们的身心受到巨大的伤害。而我国的"中关村某小学欺凌事件"也是引起了全社会的关注。到底该如何驱除校园欺凌的阴霾？如何破解校园欺凌的困境？这已经超越学生个体和学校教育的范畴，成为摆在全社会面前的一个世界性难题。我国政府和教育部门已经出台了多个政策和措施来治理校园欺凌问题。2016年4月，国务院教育督导委员会办公室下发了《关于开展校园欺凌专项治理的通知》，在全国开展了为期9个月的专项治理活动；2017年11月，教育部等11部门联合印发了《加强中小学生欺凌综合治理方案》，首次从政府层面界定"校园欺凌"，并明确了事件处置流程、惩戒实施方法等一系列防治措施。

校园欺凌问题的解决，不仅需要政府和全社会的积极参与，建立完备的社会保障体系，对欺凌行为予以必要的惩戒，有效遏制欺凌事件的发生，还需要家长、老师和学校的教育和配合，以及调动儿童、青少年自身的力量，让孩子们学会保护自己，运用智慧化解欺凌事件的负面影响，采取积极的应对措施，避免欺凌带来的身心伤害。

◆ 第一章

校园欺凌的实质

第一节 校园欺凌的定义

一、关键概念的厘定

（一）"欺凌"概念的厘定

欺凌的英文"bullying",可以指恃强凌弱、耍流氓、强横、欺侮，在台湾则直译为"霸凌"，中国也有一些学者作"欺负"用。《维基百科》对这一词语的中文解释为一种长时间持续的，并对个人的心理、身体和言语造成攻击，且因为欺凌者与受害者之间的权力或体型等因素不对等，而不敢或无法有效地反抗。欺凌行为既可以发生在校园、职场，也可以发生在互联网上，随着科技进步，即时通信软件、聊天软件等交流平台也可以成为欺凌事件的发生场所。

汉语中，"欺凌"一词是由"欺"和"凌"组合而成，"欺"多用于动词，许慎在《说文解字》中将其注为"欺，诈欺也"，如《战国策·秦策》中"苏秦欺寡人"和《荀子·性恶》中的"欺诬诈伪也"均作此意。"凌"最早是我国周代初年卫国的一个姓，后可做动词用，意为"凌驾、欺侮、侵犯、迫近"等，如屈原《国殇》中"终刚强兮不可凌"等，也可做形容词，意为"寒、杂乱"等。可见，在汉语中，欺凌一词包含着对他人身心进行伤害的行为。

自20世纪70年代初以来，学者也对欺凌进行了界定，主要是从构成欺凌行为的关键要素角度来分析。奥维斯指出，"当一个人重复地、长期地处于来自另一人或群体的负面行为中即受到了欺凌，负面行为指故意伤害或致力于使他人遭受痛苦、伤痛或不适的行为"。他对欺凌行为的界定影响了大批学者,之后的界定大多是在奥维斯的基础上发展演变而来。林贝尔(Limber)指出,"欺凌是侵略行为的一种特定形式,其特征是意图伤害,反复发生和欺凌者与受害者之间的权力不平衡"。黄成荣教授认为"欺凌是一种蓄意及持续性的欺压行为,是有意识的行动,透过言语或肢体暴力侵犯他人,并置他人于压力之下"。英国政府教育与技能部(DFES)将以下三种情况定义为"欺凌":反复的、有意地或持续地,意在导致伤害的行为;个人或群体蓄意施加的侵害行为;力量的失衡使得被欺凌者丧失抵抗力。

由此我们可以看出,虽然各国学者以不同的方式界定欺凌,但是他们对于欺凌的界定涉及四个共同的基本要素:

(1)欺凌者主观上具有恶意和攻击性。
(2)欺凌者与受害者之间存在权力关系的不平衡。
(3)欺凌行为的反复持续性。
(4)欺凌行为对受害者造成了伤害。

(二)"校园欺凌"概念的内涵分析

"SchoolBullying"在国内多被译为"校园欺凌",也有一些学者将其译为"校园霸凌""校园欺负""校园欺侮"等,本文主要采用目前普遍认可的"校园欺凌"这一术语。"校园欺凌"的范畴要比"欺凌"更窄一些,因为加入了"校园"这一限定词。一般而言,学校校园中的各种景物及建筑,凡是教学活动、课余运动、学生与学校相关人员的日常生活用地,均可称作校园。校园又可分为幼儿园、小学校园、中等学校校园(包括中等职业学校)、高等院校校园等。因欺凌行为较集中地发生于中小学校园,故而本文中的"校园"专指小学校园和中等阶段的普通学校和职业学校。

当前理论界对校园欺凌的界定不一,主要面临着以下三方面的争论。

1. 物理场所方面

从物理场所来看,校园欺凌有"校内说""校内及学校周边说""校内外说"三种观点。我国台湾学者陈慈幸采取"校内说",认为校园欺凌的发生场地专指校园内,在此观点上将校园欺凌定义为,"在校园内,为达到特定不法行为的犯罪意图,以强迫威胁为手段,压制被害人的抵抗能力和意图,而针对学生、老师、学校以及校园侵入人之间所发生的暴行、破坏以及侵害生命、身体、财产的行为。"也有学者采取"校内外说",认为校外的管理相对宽松,不易被发现,所以许多欺凌者将欺凌地点定在校外,需要将这类事件也包含在校园欺凌范畴之内。另有学者采取"校内及学校周边说",此种观点在地域跨度方面介于前两种观点之间,较"校内说"偏大,而较"校内外说"又偏小,主要将上下学途中的欺凌事件也纳入校园欺凌范畴中来。我国虽没有专门的校园欺凌政策,但根据其他校园法规可以窥测出在规定物理场所时的倾向性。例如,我国《校园安全法》第一章第二条,范围指"涉及学校安全,以及学校负有管理责任的教育教学设施、生活设施和学校组织的各种活动中。"我国台湾地区"校园霸凌防制准则"第三条第一项的规定中,则将校园欺凌界定为"相同或不同学校学生与学生间,于校园内、外所发生之(学生)个人或集体持续以言语、文字、图画、符号、肢体动作或其他方式,直接或间接对他人(学生)为贬抑、排挤、欺负、骚扰或戏弄等行为,使他人(学生)处于具有敌意或不友善之校园学习环境,或难以抗拒,产生精神上、生理上或财产上之损害,或影响正常学习活动之进行。"

2. 涉事主体方面

从涉事主体来看,校园欺凌又可以分为学生与学生之间的欺凌、教师与学生之间的欺凌以及校外社会人员与学生之间的欺凌。大多数学者秉持涉事主体应专指学生之间,也有小部分学者认为,教职工以及校外人员对学生造成的伤害行为也可视为校园欺凌。

3. 行为频率方面

从行为频率来看,虽然关于欺凌界定的四个关键要素被大部分学者广泛接受,但有一些学者质疑这些要素的绝对必要性。兰德尔(Randall)将欺凌定义为"蓄意对他人造成身体和心理困扰而产生的侵略行为",并没有指定欺凌的频率和持续性,相反,他认为欺凌不必是重复的,一次性的欺凌事件就可能会对受害者造成身体或心理上的重大伤害。英国政府教育与技能部在定义欺凌时也明确指出"偶发的事件在某些情况下也可被看作欺凌"。

本文在以上三种争论方面分别选取"校内及学校周边说""学生与学生之间"以及"单次或多次均可视为欺凌"。因为很多校园欺凌事件发生在上下学途中,校内说未免有些狭隘,在近些年频发的校园欺凌事件中,涉事主体均以学生与学生之间的欺凌为主,另外,一次性偶发的、性质恶劣的校园欺凌事件可以给受欺凌者造成阶段性的心理创伤,甚至一辈子的心理阴影,影响其日常的生活和学习,理应被纳入校园欺凌范畴。

二、中日美三国对"校园欺凌"的定义

近些年,校园欺凌事件不断发生,在网络媒体上扩散传播得也十分快速,因此,校园欺凌现象得到了全社会的关注。那么,校园欺凌到底是怎样的呢?

(一)美国对校园欺凌的定义

美国对校园欺凌的定义主要是五个要素:

(1)欺凌是发生在学生之间的行为。

(2)欺凌是一种力量不均衡的冲突行为(一方力量和势力大于另一方)。

(3)欺凌是反复或长期发生的行为。

(4)欺凌是使被欺凌者遭受身心伤害或痛苦的行为。

(5)欺凌事件中存在着众多围观者。

(二)日本对校园欺凌的定义

日本对校园欺凌的定义主要有四个要素:

(1)攻击比自己弱小的一方。

(2)实施持续的身体、心理的攻击。

（3）使对方感受到深刻的痛苦。

（4）发生场所不限于学校。

（三）我国对校园欺凌的定义

1.《关于开展校园欺凌专项治理的通知》中对校园欺凌的定义

2016年4月，国务院教育督导委员会办公室向全国印发了《关于开展校园欺凌专项治理的通知》。这个通知中对校园欺凌的界定是："发生在学生之间蓄意或恶意通过肢体、语言及网络等手段，实施欺负、侮辱造成伤害的行为。"

这个定义中包含五个要素：

（1）学生之间。

（2）恶意动机。

（3）多种手段。

（4）实施侮辱。

（5）造成伤害。

2.《加强中小学生欺凌综合治理方案》中对校园欺凌的定义

我国教育部等十一部门印发的《加强中小学生欺凌综合治理方案》中的定义包括五个要素：

（1）发生在校园（包括中小学校和中等职业学校）内外。

（2）学生之间。

（3）单次或多次蓄意或恶意通过肢体、语言及网络等手段实施欺负、侮辱。

（4）造成另一方（个体或群体）身体伤害、财产损失或精神损害等的事件。

（5）在实际工作中，要严格区分学生欺凌与学生间打闹嬉戏的界定，正确合理处理。

3.《防治中小学生欺凌和暴力指导手册》中对校园欺凌的定义

《防治中小学生欺凌和暴力指导手册》定义："在校学生之间发生

的强势一方对弱势一方进行侮辱性身心攻击，并通过重复实施或传播，使被欺凌者的学生遭受身心痛苦的事件。"

这一定义包含六个要素：

（1）在校学生。在校学生指在本校或他校的有学籍学生；发生地不限于校内。

（2）强势一方。强势一方是指欺凌者力量或势力大于被欺凌的一方。除了关注身体和力量的强势，还应关注同学之间权利和地位的强势、家庭社会背景的强势。

（3）侮辱性身心攻击。侮辱性身心攻击是指殴打对方身体或通过各种手段使对方在心理上受到侮辱。

（4）重复实施或传播。重复实施或传播是指对特定对象实施多次攻击，并有时通过拍摄照片、视频并上传网络使欺凌过程反复重现。

（5）身心痛苦。身心痛苦是指被欺凌者感受到深刻的身体疼痛和精神痛苦。

（6）无力反抗。无力反抗是指被欺凌者无法通过任何方式予以有力回击，包括不敢向家长和老师报告、觉得被欺负很丢脸等。

4. 研究学者对校园欺凌的定义

经过以上几个文件对校园欺凌的定义，许多研究者认为校园欺凌的行为应该满足以下几点标准：

（1）蓄意。欺凌方有伤害对方的主观意愿；如果伤害是意外事故造成的，就不属于是欺凌。

（2）不对等。欺凌方和受害方存在力量上的不对等和情绪反应的悬殊。这里所说的力量也许是身体上，也许是心理、经济上的，欺凌方因此获得了权力，对受害方施加影响；如果是力量对等的双方相互伤害，就不属于欺凌的范畴。在情绪方面，欺凌者趾高气扬，一副"欺负你有理"的样子，而受欺凌者总是沮丧、恐惧，一副"胆小怕事"的样子；如果情绪反应相同下相互伤害，就不属于欺凌。

（3）重复性。欺凌行为不止一次发生，或者在以后有可能多次发生。

这里强调的是欺凌行为并非只有一次性的攻击行为，受害方会担心在以后会继续遭受对方的攻击。但是，需要注意的是，一次性欺凌行为也会给受害者带来很大的伤害。

表1-1　全球少年在学校受欺负比率

年度	11岁		13岁		15岁		总计	
	人数	比率(%)	人数	比率(%)	人数	比率(%)	人数	比率(%)
2001—2002	55 503	38	55 987	36	50 816	27	162 306	34
2005—2006	66 707	37	69 954	35	67 873	27	204 534	33
2009—2010	66 349	32	70 685	31	70 300	24	207 334	29
2013—2014	70 293	32	75 385	30	71 941	23	219 460	28
总计	258 852	34	272 011	33	260 930	25	793 634	31

第二节　校园欺凌的角色与分类

一、校园欺凌的角色

校园欺凌的角色主要分为三类：欺凌者、被欺凌者、旁观者。

1. 欺凌者

欺凌者发动欺凌行为，通常还带领其他同学参与其中。其生理特征较为强壮，富有活力，很多和被欺凌者比年龄要大；其心理特征具有攻击性、高冲动、高沮丧、低焦虑和不快乐；通常学业不好的学生有表现欺凌行为倾向，由于学习成绩不理想，所以通过欺凌行为来获取成就感和支配欲。

欺凌者的特点：

（1）喜欢主导他人。

（2）喜欢利用他人达到自己的目的。

（3）很难站在他人的立场考虑问题。

（4）只关注自己的欲望和愉悦而忽视他人的需求、权利和感受。

（5）倾向于在父母和成人不在场时伤害其他孩子。

（6）将比他们弱小的同学或同伴看作猎物。

（7）用指责、挑剔和归咎的方式将自己的不足之处转移到欺凌目标的身上。

（8）拒绝为自己的行为承担后果。

（9）缺乏预见性——即从眼前和长远两个角度来考虑问题，以及预见当下行为有可能产生的计划外后果的能力。

（10）寻求关注。

（11）从为他人制造的痛苦中获得愉悦。

2. 被欺凌者

被欺凌者即受害者，是受到欺凌的人。其心理特征与欺凌者没有明显的区别，但是在性格上区别比较明显，如柔弱，没有活力，害怕并缺乏自信，感到不快乐，较为不安，有逃避行为，极端个案会杀害欺凌者或者自杀。

被欺凌者受到欺凌通常有两类反应，消极受害者表现为焦虑不安，不能自我防御；易怒的受害者烦躁不安，受到攻击时会加以报复。

（1）任何人都可能成为欺凌的目标。

① 刚搬来街区的新孩子。

② 学校中年龄最小的孩子——也因此，一般会比较矮小，有时会胆怯，或者缺乏安全感。当初中或高中新转入一个孩子时，欺凌程度会升级。

③ 受到过心理创伤的孩子——曾经遭受的创伤使其变得非常得敏感，因而其会尽可能地避免与同伴打交道来逃避更多的伤害，让其开口寻求帮助则是难上加难。

④ 顺从型的孩子——通常较为焦虑，缺乏自信，很容易被领导，常常做一些事情去取悦他人或息事宁人。

⑤ 某些行为会引起他人反感的孩子。

⑥ 不愿意卷入争斗的孩子——倾向于用非激进的方法解决冲突的孩子。

⑦ 害羞的、内向的、安静的或谦逊的、胆小的、敏感的孩子。

⑧ 很贫穷或很富有的孩子。

⑨ 种族或人种被欺凌者视为劣等的、受轻视的孩子。

⑩ 性别、性取向或性征被欺凌者视为劣等的、受轻视的孩子。

⑪ 宗教信仰被欺凌者视为劣等的、受轻视的孩子。

⑫ 聪明的、有才能的、有天赋的孩子——被当作欺凌目标是因为其太"出众"了——换句话说,太另类了。

⑬ 独立的、不关心社会、不遵守社会准则的孩子。

⑭ 喜怒形于色的孩子。

⑮ 胖的或瘦的、矮或高的孩子。

⑯ 带牙套或戴眼镜的孩子。

⑰ 长有痤疮或有其他皮肤问题的孩子。

⑱ 生理方面有很显见的与众不同的特征的孩子。

⑲ 生理残疾或智力障碍的孩子——这种孩子遭受欺凌的可能性是一般孩子的两到三倍,因为他们明显的残疾特征为欺凌者提供了现成的欺凌理由。他们常常无法真正融入班级中去,因此能够向他们伸出援手的朋友少之又少;面对侵犯,他们缺乏用语言技巧或身体技能来保护自己的能力。多动症的孩子的行为先于思想,他们无法考虑到行为的后果,常常有意无意地激怒欺凌者。

⑳ 严重食物过敏的孩子。

㉑ 在错误的时间出现在错误的地点的孩子——他们被攻击是因为欺凌者在此时此地,正想要找个人来捉弄。

…………

(2)被欺凌者不愿将被欺凌行为告知其他人的一般心理。

① 他们为受到欺凌而感到羞辱。很多遭受欺凌的孩子本身是一个正

直而富有爱心的人,他们不会去欺负别人。他们很难理解为什么会有人无缘无故地攻击他们——真的是找不到任何正当的理由。欺凌者为了欺凌而欺凌,他们的攻击是旨在削弱被欺凌者的力量和对其造成伤害,他们常常会抓住被欺凌者无法掌控的因素进行攻击。

②他们担心如果把事情告诉家长,他们会遭受报复。欺凌者经常使用并且总是蓄意威胁,被欺凌的孩子很清楚这一点。

③他们认为没有人会帮助他们,他们很绝望。当他们把事件上报的时候,他们会经常被告知:"换一条走廊行走""避开那些欺负你的人""如果你不想在餐厅遭遇他们,换一个地方吃饭"或者"别理他们",等等。

④他们被"欺凌是成长的必经之路"这样的谎言所迷惑。也许有人曾经传授给他们这样的谎言:"男孩都是这样的""女孩就是爱背地里搞动作""这是成长的一部分"等。

⑤他们可能会认为成人也是会说谎言的一部分人。成人也欺负孩子,还会把欺凌事件大事化小。

⑥他们被灌输的观念使得他们认为"告密"是可耻的、不够酷的、幼稚的行为。

(3)被欺凌者受到欺凌后的表现。

①突然对上学失去兴趣或者拒绝去学校。

②选择了一条与以往不同的路线上学。

③成绩下滑。

④退出家庭或学校的活动,只想自己一个人待着。

⑤放学后总是很饿,说他把午餐弄丢了或者说在学校的时候并没有感到饿。

⑥偷拿家长的钱,并且找出的借口都很荒唐。

⑦一回到家就直接进卫生间。

⑧在收到邮件或接听电话之后表现出难过/沉闷/气愤或恐惧的情绪。

⑨ 做出一些出乎意料的事。
⑩ 用贬义词或有损人格的语言谈论自己的同伴。
⑪ 有关同伴或每日活动方面的话题绝口不谈。
⑫ 发型凌乱、衣服褶皱或被撕破，或丢失衣服。
⑬ 身上出现与解释不相符的损伤。
⑭ 胃疼、头疼、惊恐发作，无法入眠或嗜睡，并且筋疲力尽。
⑮ 创作的艺术作品中表达了严重的情绪困扰、内心混乱或直接暴力。
…………

3. 旁观者

有这样一个例子：2000年3月，加拿大不列颠哥伦比亚省萨里市14岁的哈姆德从保罗桥上纵身跳下，结束了他年轻的生命。是什么让这个年仅14岁的少年如此想不开？是什么让他宁愿舍弃自己的生命、自己的家人，也要毫不犹豫地纵身从桥上跳下？

原来在哈姆德死之前，他曾经忍受了来自于身边人的语言暴力。这些经历都被哈姆德写进了整整5页的遗书中，里边详细记叙了他遭受的欺凌与侮辱。他曾经写道："妈妈，在学校里所有的人都取笑我，无论是我的同班同学，还是我的校友，甚至是我最亲爱的朋友，他们都站在了统一阵营中嘲笑着我。他们经常骂我四眼、大鼻子，甚至还有的人说我是怪胎。"哈姆德的妈妈说道："在他的心愿中，有一个是希望人们不要再欺负他了，他希望人们能够真正意识到嘲笑真的很伤人。"

对于哈姆德被嘲笑这件事，他的朋友们觉得自己对这件事情爱莫能助、力不从心。他们针对此事发表了自己的意见："每个人都有一段被欺负的历史，只不过对哈姆德的这次欺负显然有些过头了。但是我们作为他的朋友是跟他一个阵营的，是永远支持他的。但是其他人没有意识到这件事的过分之处，我们人微言轻，起不到大影响，才将他推向了不归路。"然而，哈姆德在他的遗书中是这样描述自己的朋友的，他写道："当我面对他人嘲笑的时候，我的朋友从来没有帮助过我，他们只是在一边笑，当一个置身事外的旁观者。"

例子中哈姆德的朋友就是旁观者。

（1）旁观者可以分为以下几种角色。

①欺凌者帮凶。欺凌者帮凶指的是那些拥护欺凌者的人。帮凶越多，欺凌行为的发生频率就越高。他们往往积极参与欺凌行为，以此来避免自己沦为受害者。同时他们也获得一定的地位和权力并因此收获好处。他们往往积极参与欺凌行为，以此来避免自己沦为受害者。同时他们也获得一定的地位和权力并因此收获好处。欺凌者帮凶大多对受害者缺乏怜悯之心。这个角色也注定他们必须如此，在欺凌行为对受害者产生的巨大压力面前，他们往往无动于衷，只关心自己在这个群体中的地位。这些帮凶对欺凌行为的持续起着重要作用。有时候可能欺凌者想要停止，而同伙们依然不断煽风点火，导致欺凌行为得以继续。

②间接帮凶。间接帮凶不赞成欺凌行为，但仍鼓励欺凌行为。他们主要通过嘲笑、起哄来表示鼓励，导致欺凌行为加强。这些孩子害怕自己成为受害者，所以召唤别人来支持欺凌行为。只要别人被欺负，他自己就免遭其害。所以他往往从持续的欺凌行为中收益。但这些孩子往往会面临着严重的良心斗争。

③帮助者。帮助者坚信欺凌是极其错误的行为，并且相信自己有能力保护受害者对抗欺凌者。他们具有非常熟练的认知技能，在群体中德高望重，以至于他们不会成为受害者。他们能发现别人的需要，并有很强的正义感。一些研究表明，这些人的帮助十分有效。当其他同学对欺凌者做出消极回应时，他们通常都能制止该欺凌行为。因此，这个角色对于阻止一个群体中的欺凌行为至关重要。

④默默帮助者。默默帮助者指的是那些遭受过欺凌、对欺凌行为深恶痛绝却为了自我保护而选择沉默不语的孩子。他们缺乏自信，认为自己没有能力制止这种行为，无法变成"帮助者"。他们惧怕自己也因此遭受欺凌。他们认为学校并非安全之所。这些孩子经常充满负罪感，他们想要制止欺凌行为却不敢采取任何行动。

这些孩子在班里地位不高，但很幸运没有成为欺凌者的捉弄对象。

他们也可以发挥一些作用。比如如果学校出台一个反欺凌政策，他们就可以通过举报等方式制止欺凌。对他们来说，在家谈论这些事情很重要，因为他们需要发泄自己的情感并获得父母的支持，甚至可能从默默帮助者变成真正的帮助者，但是这种帮助是以他们自己的方式进行的。

⑤ 冷眼旁观者。冷眼旁观之人完全置身事外。只要出现欺凌行为，他们赶紧走开或转身，以全身而退。他们甚至常常认为班上并没有欺凌行为，就算有也与自己毫无关系。只要没有干扰到自己，他就不会去关心。

⑥ 局外人。除此之外，还有一群局外人。这些人不是欺凌群体的成员，而是与之相关的人，比如老师、家长等，这些人中也可以包含上述一些角色。

（2）在校园欺凌行为中，一般旁观者的反应有以下几种。

① 旁观者不同程度参与了大约85%的欺凌事件。

② 旁观者在81%的事件中帮助了欺凌者。

③ 相比对欺凌者的态度，旁观者对欺凌者更加尊重、友好。

④ 旁观者在48%的欺凌事件中是积极参与者。

⑤ 只有13%的欺凌事件得到了在场的旁观者的干涉。

（3）旁观者不干涉欺凌的理由和借口。

1）理由有以下几种：

① 旁观者担心自己会受伤。欺凌者的强大和他具有的名望给旁观者制造了合理的恐惧，因此，卷入到争斗当中看起来并不是一个明智的选择。

② 旁观者担心自己会成为下一个被欺凌的目标。即使旁观者阻止欺凌成功，他也面临着在事后被报复的危险。欺凌者们会迅速地对任何一个试图阻止欺凌的人发起诋毁和中伤。

③ 旁观者担心自己的帮助只会让事情变得更糟糕。在加利福尼亚州的桑蒂市，安迪跟他的朋友们扬言说要对欺负他的人实施报复。他的朋友担心如果将此事上报给学校管理者，安迪会被开除。然后事后回想起来，被学校开除比因谋杀而被终身监禁要好多了。

④旁观者不知所措。他从来没有被教导过该如何干预这种事,该如何报告欺凌事件,或是该如何做才能帮助到被欺凌的同伴。正如欺凌是种习得的行为,孩子们同样需要学习阻止欺凌的方法,并且有足够的爱心想去阻止欺凌。

2)借口有以下几种:

①欺凌者是我的朋友。孩子们很少愿意去插手朋友的所作所为,就算这个朋友的行为是不公平的、无理的,或者卑劣的。

②这事与我无关!又不是我的战斗!我们的社会文化倾向于让人们不要干涉他人的事情,做好自己的事情,自扫门前雪。旁观者声称他们要管好自己的事情而避免介入欺凌事件当中。我们也可以称其为冷漠。

③他不是我的朋友。当侵害的还是自己的朋友时,孩子们更愿意去干预欺凌。欺凌者们一般会选择朋友较少的孩子作为欺凌对象。

④他是个窝囊废。在这个竞争激烈的社会,人们很容易将被欺凌者当作窝囊废。旁观者担心若让别人看到自己和被欺凌者在一起,自己在组织中的身份地位就会影响,更不用说让别人看到自己保护欺凌者了。

⑤他活该受欺负,他自找的,自作自受。为什么要去阻止一些人家自作自受的事情呢?他自己都没有维护自己,别人为什么要去维护他?这个借口貌似可以帮助旁观者合理脱身,然而,却忽视了最基本的一个原理,即欺凌是因轻蔑而起。没有人"活该"被剥夺自尊和自我价值感。被欺凌的孩子孤身一人的力量是不足以摆脱一个或一群欺凌者的。

⑥受点儿欺负会让他变得坚强。欺凌只会给被欺凌者带来耻辱和愤怒,而绝不会让他变得坚强。

⑦孩子们具有根深蒂固的沉默特质。谁愿意被冠以告密者或叛徒的头衔呢?谁又愿意因为自己将某人置于麻烦当中而备受责难?看似合理,然而这种借口属于考虑的,是人们面对恶行时的道德沦丧。

⑧比起去保护一个被排斥的人,我还是跟大多数人站在一起为好。在派系中,一旦派系的首领决定要排斥某人,其他成员就倾向于无条件地盲目服从他的命令,而不会去考虑被排斥者的权利和感受。派系内部

的联结太过紧密，使得任何一个与之思想不同的人、任何一个想提出异议和抗议的人都无容身之地。由于对被派系接受和认可的需求太过强烈，以致即使一个旁观者面对被欺凌者的痛苦产生了一丝抗议的欲望，这种欲望也会转瞬即逝地被扼杀于摇篮之中。当这种派系发展成了一种常态，就会出现一个清晰的界限用以界定"我们""他们"和"比我们和他们低等的人"。

⑨ 这事儿太让人头大了。旁观者必须在与多数人站在一边和支持被欺凌孩子的两种选择之间权衡利弊。思考这个问题会引起思维和情绪的强烈紧张感。减少这种紧张感的最快方式是把与多数人站在一边的好处和为受欺凌孩子伸出援手的坏处都放大。根据前文的分析，答案一目了然——别插手。这种决定的额外好处是，不需要在为此事头疼了。对一个孩子来说——甚至对许多成人来说——挺身而出和奋声疾呼都是一件既复杂又危险、既困难又痛苦的事情。

二、校园欺凌的分类

（一）暴力型

暴力型的主要表现是打、推、踢、撞、掐、揪头发、吐口水、吐痰等。如欺凌者向被欺凌者的衣服后面吐痰；在走路时，欺凌者绊倒被欺凌者；欺凌者无缘无故地撞击被欺凌者等。

案例

佛罗里达农工大学的乐队指挥罗伯特在一个带有欺侮性质的仪式上遭受了他的乐队成员们殴打之后身亡。一些乐队成员声称罗伯特是自愿接受殴打的。几个乐队成员被控过失杀人，而另外几个被控欺侮重罪。

（二）语言型

语言型主要是通过语言来对其他学生的心理造成直接或者间接的伤害。例如使用恶意的言语威胁恐吓他人。传播谣言和不正确的信息。这是一种比较常见的然而不易被发现的欺凌方式。这种欺凌一般发生在女孩子们身边。它的表现形式主要体现在是嘲笑、羞辱、戏弄取笑别人或者给别人起绰号使被欺凌者沮丧、羞辱或者生气。诽谤被欺凌者导致其人格受到侮辱的或者给他人打骚扰电话也是言语欺凌的表现形式。恶意批评别人的穿着、行为、家庭背景、自身残疾是他们恶意批评的主要方面。

案例

菜拉和珍妮是一对好朋友，但是这对好朋友在外貌形象看来显然不是一个水平的。菜拉长得亮丽妩媚，身姿窈窕，而珍妮长得五大三粗，脸上还有遮不住的青春痘。很显然，菜拉会成为学校中受男生欢迎的女生，而珍妮则是男生厌弃的对象。

有一天，珍妮在跟其他同学吐槽菜拉，说道："菜拉完全无视我。你看看她跟咱们在一起时的样子，还有她穿的那副德行，她以为自己简直美翻了。"

"珍妮，那是因为她确实是啊。"

"确实什么？"

"确实美翻了。"

"闭嘴吧，阿迪。你就不想知道菜拉的真实嘴脸吗？"

阿迪和其他小伙伴一听有八卦消息，立马竖起耳朵围了过来。一听有这么多人对菜拉的事情感兴趣，珍妮就开始"表演"了。

"其实她就是个荡妇。光今年她就已经换4个男朋友了，而且他们还是一个球队的。"

当菜拉得知珍妮在背后如何说她的坏话的时候，她变得怒不可遏。她简直不敢相信，自己最好的朋友怎么能说出如此中伤她的话呢？然而当她发现有人在她的英文课本扉页潦草地写下大黑字的时候，她更震惊了。

"滚去别的学校吧，婊子。"

她怀疑这是珍妮写的，但无从印证。几天以后，她惊恐地发现，食堂布告栏上钉了一张纸：

"我们这儿不需要婊子。滚回家吧，菜拉。"

午饭时，莱拉的朋友简找到了她。"你打算怎么办？你肯定特别难受吧？"

莱拉承认，看到这些话，她的心里十分难受。但是更让她气愤的是为什么这群人只敢在自己背后议论是非，而不敢正大光明地站出来与自己对峙呢？不过莱拉也没有做好充分与珍妮对峙的准备，她知道这场冲突很有可能会演变成撒泼打滚的闹剧，成为别人眼中的笑话。她希望能有一种方法让珍妮知道，她已经怀疑珍妮散布谣言了，但还不能激怒珍妮。

到了周末的时候，莱拉将整件事情的来龙去脉告诉了姐姐。莱拉说道："我知道整件事情都是珍妮在搞鬼，但是我又不想直接告诉她我知道了。因为我不确定她究竟会有什么反应，万一她一冲动想要鱼死网破怎么办？"

莱拉的姐姐听后决定让莱拉使用迷魂战术。迷魂战术可以挫败对方的企图，同时又不会直接与她们起正面冲突。莱拉姐姐说道："当你下一次看到这些诽谤你的话时，你可以用开玩笑的方式来点评，让这群看热闹的人知道你内心并不害怕她们，她们的所作所为对你产生不了任何影响。或者你也可以假装同意他们所说的。这样一来，她们就拿你没有任何办法了。"

"那具体该怎么做呢？"莱拉问。

"比如，下次你再见到食堂布告栏写了什么，你就可以在珍妮身边大声说：'哎哟，有人泄露了我的国家机密！'或者：'天哪，我的真容被他们发现了！'然后，哈哈大笑走开就行了。"

"哦，我明白了。"莱拉说，"我只要假装顺着他们的意思来，让他们看到这些东西对我构不成什么困扰，甚至我还觉得挺搞笑的，那他们就会停止了。"

姐姐还解释说，珍妮她们之所以编造这样的谎言，只是为了显示自己更强大、更重要。一旦把这些流言开成玩笑，就好像釜底抽薪，珍妮她们良好的自我感觉一下就没有了。

第二天上英文课时，莱拉打开课本，专门翻到扉页，她转向简，以确保珍妮能听见的音量说道："嗨，简，你看看有人在我书里写了什么——她们连'婊'字都写错了！"她们大笑起来。莱拉接着说道，"好吧，要是我是'婊子'的话,那我得赶紧工作了。简,这周末咱们在哪聚会?"

接下来的几天里,不管莱拉看见什么或者听见什么,总是把这些事讲成笑话。说起来容易做起来难。当她面对这些子虚乌有的言论时,表面上装作毫不在意,其实心里难过极了。但这群人这样做的目的就是为了让她难过,那么就让她们偏不得逞。莱拉下决心绝不表现出怯懦的样子,绝不能让她们得逞。

然而让莱拉没想到的是,迷雾战术居然这么快就起作用了。并且她发现,能够把那些中伤的话开成玩笑,真的很好笑。不过,诽谤能够终止,还是令她非常开心的。

例子中的莱拉是幸运的,她通过姐姐教给她的方法——开玩笑的方式化解了其他同学对她的言语欺凌,但是很多时候,言语欺凌会对被欺凌者造成一定的伤害。

(三)财物型

财物型的主要表现是抢劫财物、故意损坏物品、偷窃对方的财物等。如欺凌者总是霸道地向被欺凌者借钱,但是从来都不还等。

案例

小明是小学三年级的学生,品学兼优,是邻居口中的别人家的孩子。也正是因为小明沉迷于学习,忽视了社交,导致他的朋友没有几个人。形单影只的小明被一群高年级的坏孩子盯上了。在某一次放学回家的路上,这群高年级的学生将小明拦住,要求他将手上的钱全都交出来给他们。在这群坏孩子的威胁之下,小明不得已将口袋里的所有钱都给了他们。然而这种事情有了第一次,就会有第二次、第三次,小明受不了这种经常性的压迫,于是开始尝试逃跑。可是,小明毕竟是一个三年级的孩子,哪儿能跑得过这群高年级的孩子,每次落到他们手里,小明都免不了一顿胖揍。无奈之下,小明只得每次都将钱给他们,甚至有的时候,小明的钱花没了,但是为了免于被殴打,开始经常偷家里的钱。

如果不及时制止高年级学生的这种行为,未来产生的后果将不堪设想。

（四）关系型

关系型的主要表现是合伙排挤、集体威胁、集体鄙视、围殴、多对一的恶作剧、不定期骚扰、联合歧视等。实际上，就是孤立受欺凌者。这种欺凌对被欺凌者的伤害最大。

案例

这个案例这是被欺凌者的自述。

我原来出生于一个幸福的家庭，父母是双职工，我从小吃喝不愁，但是生活的变故却在我16岁那年发生。我的父母开始频繁地吵架，甚至有时候还发生肢体冲突，家里的家具都被破坏了。眼看我的父母过不到一块儿去，开始了分居生活。我也穿梭在两个家之间，完全没办法找到生活的节奏。我的东西在这个家有一些，在那个家又有一些，想要什么东西的时候，必须要跑到另一个家中拿，给我的生活造成了不便。比如我上学要用运动装备或者穿什么衣服，而东西却在另一个家。

尽管我跟爸爸妈妈相处得都挺好，但他们好像没有要和睦相处的意思，这让我很沮丧。我是说，我明白他们分居了，但他们起码至少可以给对方应有的尊重和友好态度吧？

我时常会回忆与父母之间那段无忧无虑的快乐时光，虽然过得不算是什么大富大贵的生活，但那时候一家人幸福自在、其乐融融。我在上课时，吃饭时，运动时，都会回忆这段过往。但是我也知道，这件事无法跟别人分享，一旦跟别人说了，难免会勾起我的痛苦回忆。因此，我的性格渐渐地开始变得孤僻，我更喜欢一个人待着，与我的朋友们也开始渐渐疏远了。我觉得我这样做大概是对的，毕竟他人看起来比我幸福得多，也比我快乐得多，我与原先的群体格格不入。

虽然我与同学们在现实中的联系少了，但是我在网络上依旧与他人保持着联系，因为我觉得隔着屏幕我可以掩饰我的情绪，让我们之间的联系也变得更加容易。我可以随便选择一个想聊的人聊天，聊多聊少都随便我，有时候我发几个字就下线写作业去了，待会儿回来再接着找人聊聊。

几周过去了,我的家庭也开始慢慢安定下来,我的心情也跟着有所变化,不再那么排斥与同学们交往了。

有一天上学的时候,我听见了丽丽与周周说准备上网讨论周末聚会的事情,她们说发消息通知大家。正好那天我的功课也不多,于是出去锻炼跑步,回来后洗了一个澡,跟父亲吃了晚饭。到了晚上9点,我打开电脑上网查看消息,发现没有任何消息。

对此,我很莫名其妙,于是给丽丽发了一条短信,结果她没回我。我又给木子和佳佳继续发短信。木子和佳佳都回复我了,说不知道聚会的事情。但是我特别肯定她们肯定知道聚会的事情。我怀疑是不是我自己搞错了?于是我花了半个小时浏览我朋友圈的动态,想要找到一丁点关于聚会的蛛丝马迹。在这个时候,我的手机震动响了,是丽丽发来了消息。

"还在考虑是否聚会吗?确定了会告诉你。丽丽。"

我忽然明白了,我被她们这个群体排除在外了。我一下子回忆起了在学校的点点滴滴,她们的表情、她们的动作、她们的留言,再也没有往日的温暖了,我与她们渐渐成了陌生人,成了表面上的友谊。她们回复给我的短信充满着疏离感,丽丽的短信如此,佳佳和木子的短信也是这样。佳佳说没有聚会的事,丽丽说她们还在考虑。我知道她们中肯定有人说谎了。

在接下来的几天里,我避免和好朋友有任何亲近的接触。我感到自己很可怜,我多么渴望有人能过来关心我,抱抱我,问问我最近过得好不好,可是没有人,没人对我产生哪怕一丁点儿的注意。

我变得更退缩了。我是个彻头彻尾的失败者,我是个可怜虫,我好像什么也做不了。唯一的办法就是让爸爸妈妈重新在一起,但这是不可能的。

(五)网络型

网络型的主要表现是发送侮辱性的短信、微信,拨打匿名电话或侮辱电话,在网络社交平台上发布恶意评论或散播谣言等。如在微博上欺凌者辱骂被欺凌者等。

案例

美国安大略省伯灵顿的一名学生建立了一个网站，专用于高中同伴之间的互相取笑。渐渐地，主攻对象变成了一名同学，这名同学在现实生活中经常被他人殴打、辱骂，但是比起他在现实中所遭遇的情景来说，网络上的遭遇让他的糟糕感受更甚。这名同学说："我宁愿只是一些人，比如说30个人，在咖啡厅里朝着我大声辱骂。在网络上，60亿人都可以看到，任何一个有网络的人都可以看到。你无处可逃，就算你从学校回到家中，那些东西也还在。这使我感到深困其中而无法解脱。"

这名同学所遭受的网络暴力导致他的身心受到严重创伤，连正常的学习生活都无法进行，同样也无法与他人进行社交，最后一年的学业不得已在家中完成。

第三节　校园欺凌的特征与危害

防治校园欺凌行为首先是敢于承认它的存在，然后是认清和剖析校园欺凌行为的特点。校园欺凌行为普遍存在以下几个特点：普遍性、隐蔽性、不平衡性、反复性等。

一、校园欺凌的特征

（一）普遍性

校园欺凌不仅仅是某个学校或者某个地区特有的现象，它遍布世界的各个角落。通过研究，我们可以看出校园欺凌行为具有高发生率。2015年日本政府开展了为期6年的追踪调查，调查显示90%的学生曾遭受过或多或少的校园欺凌，校园欺凌的主要表现形式是语言欺凌、暴力欺凌与财物欺凌。我国到目前为止还没有进行全国性的调查，但是校园欺凌现象普遍存在是个不争的事实。近年来全世界各地接二连三地曝光一些令人愤怒、痛心的校园欺凌事件。校园欺凌现象日益严重的趋势表明其具有普遍性的特点。

（二）隐蔽性

校园欺凌行为具有极大的隐蔽性。研究表明，校园欺凌行为多发生在操场或者厕所的角落、学校门口附近及教师和家长不易发现的地方。一般来说，语言欺凌、关系和网络欺凌很难发现，而且实施欺凌行为的地点一般会选择在学校中较为隐蔽的地方，因此家长和教师通常也很难发现。陈世平教授的研究表明绝大多数的被欺凌者不告诉老师家长自己被欺凌的事情。更多的被欺凌者选择向好朋友诉说或者采取以暴制暴的手段去解决问题。

被欺凌者在被欺凌的过程中往往通过保持沉默来减少对自己的伤害，但这实际上是在助长欺凌者的气焰，进而导致欺凌者反反复复地欺凌被欺凌者。欺凌者会在家长、老师面前掩盖自己做的"错事"，会选择在老师、家长离开的时候，也可以是家长和老师不注意的时候实施欺凌行为，并且网络欺凌本身的匿名性、隐蔽性，使得被欺凌者不知道自己受害的原因，受欺凌者往往怀疑周边的任何人，人与人之间的基本信任感彻底崩塌。

（三）失衡性

在校园欺凌行为中，欺凌者与被欺凌者之间的力量差距悬殊，往往是以大欺小、以强欺弱。而且，欺凌行为与性别显著相关。男生是容易发动欺凌行为的群体；男生在力量方面优于女生。在校园欺凌中，男生往往喜欢用力量欺凌解决问题。女生则喜欢采取言语欺凌、人际关系的欺凌方式去处理问题。欺凌者与被欺凌者之间是异性关系的情况也逐渐增多。另外，欺凌者较被欺凌者而言，身体更强壮、年龄更年长，低年级学生较易成为高年级学生的攻击对象。被欺凌者自身的力量是弱小的，不能与欺凌者相抗衡。在媒体不断曝光的事件中可以发现，女生、留守儿童、流动儿童往往是欺凌者的欺凌对象。

（四）反复性

偶尔的几次捉弄并不能误认为是欺凌行为。校园欺凌是故意地、反复地发生、被欺凌者长期受到伤害的行为，这种伤害会长期危害被欺凌者的身心。

欺凌者一旦确定了被欺凌者，他们会反复地、长期地通过欺凌来表现自己的权威。欺凌者存在很大的侥幸心理。他们认为被欺凌者由于性格较内向、胆小怕事，会隐瞒事件不告诉任何人，而且他们很自信被欺凌者无法与之进行力量抗衡。然而被欺凌者一味地隐瞒事实，会导致欺凌者变本加厉的欺凌行为。况且欺凌者认为即使自己的行为最终被家长、老师发现，最多不过是遭受到轻微的惩罚，所以欺凌者往往会有恃无恐地、长期地、反复地欺凌被欺凌者。

二、校园欺凌的危害

（一）损害学生的身心健康

1. 欺凌行为造成欺凌者心理负担

欺凌者如果沉浸在欺凌他人带来优胜感和满足感之中，无法控制自己的情绪会使他一味地欺凌他人。欺凌者实施欺凌行为后，有许多被贴上"坏学生"的标签，在别人的指责下生活继而产生严重的心理负担。欺凌者实施欺凌行为后自己的正常的学习和生活秩序都会受到破坏。最终，欺凌者有可能辍学，未受到惩罚就会对法律抱有侥幸的心理，最终走上违法犯罪的道路。在一些严重的欺凌行为曝光后，欺凌者本人包括受牵连的家庭成员都会遭到社会的谴责。进行语言欺凌的学生自身也会成为受害者，他们不被同伴所包容与喜欢，朋友圈变得越来越小。他们在欺凌被欺凌者的同时，会受到父母或者同学的批评、拒绝与责骂。

当被欺凌者受到伤害以后，欺凌者天天担心，欺凌者也因恐惧、自责等出现了不同程度的抑郁、自闭、自责等情况。校园欺凌的主体大多心智发展不成熟，欺凌者的心理承受能力比较薄弱。有的欺凌者在长期抑郁的情况下还可能会对社会产生危害。欺凌者在欺负被欺凌者的同时，也受到教师家长同学的拒绝排斥批评责骂，从而导致被欺凌者身心遭受危害。

2.欺凌行为助推被欺凌学生不良人格地形成

欺凌行为导致被欺凌者身体受伤，严重的甚至导致重伤或者死亡。被欺凌者有时候会实施自残或者自杀行为。有的被欺凌者会在欺凌中受伤，或者成为以暴制暴的牺牲者。校园欺凌行为除了给被欺凌者造成身体伤害外，还给他们带来严重的心理创伤，这种心理的创伤是巨大且长期的。它会深埋于被欺凌者的内心，终生难忘。有的被欺凌者出现精神疾病，长期不能痊愈，无法继续接受学校的教育，由此造成的心理阴影会伴随欺凌者一生。欺凌行为对被欺凌者以后的行为产生了许多影响，很容易扭曲被欺凌者的性格。严重的会导致被欺凌者以后也会做出违法、违背人性的事。欺凌行为导致被欺凌者情绪长期低落、沮丧、不安。

3.欺凌行为使旁观者产生压抑甚至厌学情绪

欺凌行为对旁观者造成身体和心理的伤害。他们会因为目睹伤害事件的发生而造成心理阴影，感觉自己无能。部分旁观者因为自己能力有限无法帮助被欺凌者而感到内疚甚至产生厌学的情绪。这也会影响他们的学习生活，甚至影响他们的一生，成为严重的心理疾病。欺凌行为甚至浸入成为他们生活的一部分，生活质量不断下降。旁观者目睹欺凌行为的全过程，他们开始怀疑人与人之间的关系与信任，使他们很难与他人进行正常的交往，长此以往，他们就会产生不正确的世界观和价值观，认为欺凌行为是常态。同时这种行为的影响也泯灭了人类该有的同情心，旁观者如果一味地退缩不敢奋起反抗就会形成懦弱、缺乏责任感等不良人格特征。

（二）破坏正常的教学秩序

校园欺凌事件的发生，容易干扰学校正常的教学秩序，分散教师上课的注意力，影响正常的教学工作。损害学校的学风与校风，对学校风气、学校形象造成严重的损害，严重者甚至影响学校的招生工作。

教师是辛勤的园丁，由于当前我国国策的影响，大多数为独生子女家庭，教师对学生的管理容易受到家庭因素的限制，然而，在校园欺凌事件发生后，教师容易成为被指责的对象，易对教师的职业生涯造成心理上的伤害，容易造成职业倦怠。根据现阶段大多数的资料显示，研究关注欺凌者、被欺凌者、旁观者心理与行为的学者居多，甚少有学者研究教师在这一事件中心理与行为的变化，而教师心理干预也是一个不容忽视的现实问题。

（三）助推不良的社会风气

古语有云，"三岁看大，七岁看老"，这句话生动地概括了儿童身心发展的规律与特点，从三岁的孩子的心理特点与个性倾向就可以看到孩子青少年时期的心理与个性形象，而从七岁孩子的身上就可以看到他中年以后的成就和功业。基础教育作为教育体系中的核心部分，决定着整个国民素质的高低以及社会风气的形成。如若基础教育不能很好地纠正小学生的不良行为，就欺凌事件而言，欺凌者总是被指点并贴上"坏孩子"的标签，他们在欺凌中也会受到身心的伤害，不良行为未得到有效的干预，欺凌者会逐渐养成用暴力的方式去解决问题的行为模式，久而久之，影响到社会的稳定与和谐，导致不良社会风气的形成。

第四节　校园欺凌行为发生的理论基础

近几年，随着对校园欺凌相关问题研究的不断深入，关于校园欺凌行为相关理论的研究也日趋增多，本研究所涉及的理论视角主要有社会学习理论、认知行为理论和社会角色理论。

一、社会学习理论

美国心理学家班杜拉提出的社会心理学基础理论，这一理论源于行为主义学派的强化学习理论，认为人在社会化过程中最重要的一个社会能力是模仿，通过模仿获得知识和能力，进而实现社会化。在模仿学习的过程中通过积极强化、消极强化、无强化、惩罚等的方式影响，进而促使行为主体改变行为发生的概率。该理论进一步认为，影响个体获得或失去某种物品的不仅仅是外在的刺激物，通过观察别的个体的社交化学习过程也可以获得同样的效果，班杜拉将这种通过他人得到强化而影响自身学习的行为称之为"替代强化"，如角色扮演就是这一理论很好的实务方式。

一方面笔者从欺凌行为本身出发，欺凌者主要分为两大类：一类是积极主动的欺凌者，是欺凌行为的发起者；另一类是被动的欺凌者。被动型欺凌者的欺凌行为在很大程度上是通过模仿学习。这类被动的欺凌者在成为欺凌者的角色前处于观望和模仿阶段，当他们发现对别人施加一些肢体或言语方面的攻击行为时并不会受到来自"权威方"（家长、学校）的惩罚或指责，便在无形中促使其模仿到的欺凌行为进一步社会化。另一方面，社会学习理论不仅解释了一部分被动欺凌者欺凌行为形成相关因素之外，而且认为影响个体获得或失去某种物品的不仅是外在的刺激物，观察别的个体的社交化学习过程也可以获得同样的效果。笔者认为，被欺凌者的一个共性就是"消极的应因欺凌行为"。当他们面对欺凌时往往都是逃避、沉默，他们不知如何正确有效地去面对欺凌行为。借鉴社会学习理论的"替代强化"观点，笔者期望在对被欺凌者介入的过程中能够通过"替代强化"，进而让被欺凌者掌握有效的应对欺凌行为的方式。

二、认知行为理论

认知行为学派的基本概念，即人的思想、感知和行为之间存在相互的联系。认知学派认为，人的行为举止是受学习过程中对周围境况和环境的观察和解释影响的。因此，要改变人类的行为，首先要改变人类的认知。艾利斯提出了认知的"ABC 情绪理论框架"：A 指当下的具体情境中的事情，事件的形式既可以是具体的事情，也可以是抽象的，也可称为引发事件。B 代表求助者的信念系统，是指求助者对引发事件的认知和评价，它既可以是理性的，也可以是非理性的。C 代表引发事件之后出现的各种情绪，在对本案欺凌行为的动态形塑过程的观察中，笔者发现欺凌者对于被欺凌者的欺凌行为从表面上来看是毫无理由，就是想"捉弄""戏弄""嘲笑"或者"侮辱"一下被欺凌者，处于弱势地位的被欺凌者是那些"小霸王"经常欺凌的对象。很多人包括家长、老师都会忽略这种欺凌行为，将它们认为是传统观念上的"孩子间的嬉笑打闹没关系"或者"我们不也是从那个时候过来"，并认为这是孩子成长过程中应该经历的，甚至认为这样有利于孩子的成长。这样的观点无可厚非的前提是孩子间的这种"打闹"是双向性的且不是经常性的，当一个孩子经常性地成为其他几个孩子"捉弄""嘲笑""侮辱"的对象的时候，这就不应该继续被认为是一种常态，而是一种欺凌行为。但从欺凌者欺凌的动机来看，欺凌者的欺凌行为并非是故意、偶然的，而是对被欺凌者存在一种"主观偏见"，这是其经常性欺凌的根源。

三、社会角色理论

社会角色是指在一定的社会情境下，社会大众对个体的行为表现和外在所抱有的某种期望。每个个体在社会交往中都扮演着不同的社会角色，同时个体对他人也有期望的社会角色即人们在社会环境中有其特定的位置，一个位置对应一个角色，不同的位置所赋予的角色都不同。因此，社会角色就是社会组织中和既定社会地位有关的期望和行为的组合。对自身角色的评价与态度，引导我们是否做出相应的行为改变。

社会角色理论可以很好地诠释人类行为与社会环境的关系。从 20 世纪 60 年代起社会角色理论就被广泛地引入到社会工作的实务领域当中。

角色理论认为人类的一系列行为都是一种互动的模式；而在这种互动的模式中包含了角色人的情感、态度、期许、价值、信念等，以此来规定角色在一定的社会环境下应当做出怎样的行为，也就是让人在情境中学会更好地控制自己的行为。近年来随着社会的快速发展，新兴事物和观念层出不穷，而传统文化观念则根深蒂固，但新的价值理念和文化观念又没得到及时的更新，在这种情境下，人们对他人或自己的社会角色往往会存在很大的矛盾，甚至导致自我怀疑以及自我认同危机。社会角色理论在社会工作实务当中发挥着其特有的诠释作用，角色理论可以用来诊断当案主在社会情景中遇到个人目标与情景目标相互冲突或矛盾的时候更应当侧重哪个。

第五节 校园欺凌与校园暴力的关系

暴力，根据世界卫生组织对其所下的定义，可以概括为出于恶意而对自己抑或他人进行的肢体武力企图造成人身或精神上的损害，或者是财物上的损失。广义上来讲，校园暴力的主体不仅仅局限于在校的学生，还包括一切针对校内教师、学生的武力行为；狭义上来讲，校园暴力是将针对除学生之外的武力行为排除在外。校园暴力这一概念目前没有标准的定义。笔者比较赞同姚金龙教授对校园暴力所做的定义，即将校园暴力的范围覆盖到中小学及幼儿园周边的合理区域，受害的主体也限定在学校的师生范围内。

一、二者共同点

校园欺凌与校园暴力具有共同点。主观上，欺凌者都是故意欺凌被欺凌者；地点方面，均在校园及校园周边地区；结果方面，都对被欺凌者的身心造成了很大的伤害，以及财务的损失。

二、二者区别

校园欺凌与校园暴力虽有共同点，但是也具有很大的区别。通过表 1-2 我们能很清楚地了解到二者的区别。

表 1-2　校园欺凌与校园暴力的区别

	校园欺凌	校园暴力
主体	学生	学生、教职工、校外人员
受体	学生	学生、教职工
关系	双方有一定关系	不一定
对象	基本固定	不一定
原因	无须原因	有原因
次数	重复性	不一定
目的	获得一时快感	不一定
伤害	直接和间接	直接
力量对比	力量不对等	不一定
手段	更加突出欺辱性	武力攻击、威胁、言语暴力
后果	长远而更加严重的心理伤害	瞬时性、短暂性的身体或财物伤害

根据表 1-2 可知，校园暴力的外延比校园欺凌要大。校园欺凌更强调"欺凌"，即欺凌者对被欺凌者的欺负和凌辱。校园暴力则更侧重"暴力"，以伤害对方的身体或损坏物品为主要目的。有时，校园欺凌与校园暴力是可以相互转化的。

第六节　校园欺凌的界定

校园是学生学习和成长的摇篮，在校园中生活的学生每天都要有各种各样的交流与互动，难免会出现一些"摩擦"行为。这些"摩擦"行为主要是同学矛盾、游戏打闹、校园欺凌和校园暴力。该怎样界定这些"摩擦"行为呢?

一、同学之间矛盾的界定

同学之间的矛盾主要表现形式是互不理睬、生闷气,没有暴力伤害,而不是以打骂、欺凌、暴力的形式表现,更不存在一方对另一方长期的侮辱和攻击性的侵害。同学之间的矛盾经常发生,但是过几天就会忘记,不会给任何一方造成心理阴影和伤害。

二、同学之间游戏打闹的界定

学生之间常见游戏打闹,而且有时会出现比较严重的身体伤害,如鼻子被打出血、头撞到墙上等,但这些伤害都不是恶意的,是在游戏打闹中不经意间出现的,并不是一方欺负另一方。而且游戏打闹中出现的伤害是偶然发生的,不具有重复性和持续性,也不会给任何一方留下心理阴影。

三、校园欺凌的界定

校园欺凌的主要表现前文已经叙述过,在此不再赘述。校园欺凌虽然不能构成犯罪,但是却对被欺凌者造成了严重的身体及精神上的伤害,而且常披着"游戏打闹"的外衣或被美化为"游戏打闹"。

四、校园暴力的界定

校园暴力主要表现为故意伤害、抢劫、强奸等行为,有的行为已经涉及犯罪。但是由于年龄的限制,未满14周岁的青少年由于刑事责任年龄没有到达,而不能定为犯罪。除此之外,校园暴力中的许多行为属于《未成年人保护法》和预防青少年犯罪的相关法律法规中所描述的不良行为,这些行为十分恶劣,严重危害到了社会的安全。

表1-3 不同校园行为的认定依据

类型界定依据	身体伤害	财物损害	心理伤害	学业影响
同学矛盾	无	可能存在,一般不造成所穿着衣物的损坏	无	无
游戏打闹	轻微伤、红肿、瘀血等	存在,如所穿着衣物被无心轻微损坏	基本没有	基本没有
校园欺凌	轻微伤、红肿、瘀血或其他伤害等,但未至轻伤	存在,如所穿着衣物被损坏	做恶梦、失眠、焦虑、抑郁、惊恐等	影响学习成绩,造成厌学、逃学等
校园暴力	轻伤、重伤甚至致死	存在,所穿着衣物被严重损害	痛不欲生、自杀现象等	严重影响学习成绩,造成逃学、厌学等

暴力行为的预警标志:

① 酗酒或滥用药品。

② 多媒体产品成瘾。

③ 漫无目标(持续不断地变换目标和志向,拥有不切实际的预期,而且在追求目标的过程中缺乏毅力和自律)。

④ 对武器着迷。

⑤ 有使用枪支的经历。

⑥ 有得到枪支的途径。

⑦ 沉闷、气愤、抑郁。

⑧ 运用暴力谋求地位和价值感。

⑨ 威胁。

⑩ 经常处于愤怒之中。

⑪ 拒绝/羞辱。

⑫ 媒体的挑唆(广泛宣传大型暴力行为会引发人们对肇事者的认同,或者会刺激潜在施暴者对暴力的关注)。

第七节　校园欺凌的成因探析

造成校园欺凌现象的原因是多方面的，由对欺凌行为的认识、场所，我们可以归因于社会法律的滞后、不良社会风气的侵蚀；由对欺凌行为的时间维度，我们可以归因于学校的管理疏忽；由对欺凌行为频率维度的分析，我们可以归因于家庭结构不完整使校园欺凌行为频率提高；由学生遭遇欺凌的反应方式，我们可以归因于学生个人的心智不成熟等。我们只有分析好校园欺凌行为产生的原因，才能更好地认识和防治校园欺凌。

一、校园欺凌产生的原因

（一）法律滞后，不良社会风气侵蚀

1. 法律制度不健全

目前，我国针对校园欺凌现象还没有建立完善的法律法规体系。虽然有《未成年人保护法》以及《预防未成年人犯罪》等法律，但是国家没有完善16岁以下未成年人违法犯罪条例，使学校执法者没法做到有法可依。学校只是一味地强调校园安全建设，做不到有的放矢。

法律的滞后在一定程度上助长了欺凌者的气焰。由于惩罚机制的不完善，一些学校在处理校园欺凌问题时，没有意识到问题的严重性，一味地平息事端，最终不了了之。欺凌者没有树立正确的价值观，也没有认识到自己的欺凌行为所带来的严重后果。他们反复地、长期地欺凌懦弱的被欺凌者。

2. 不良社会风气的腐蚀

随着机器大生产在全球范围内的普及，工具理性逐渐替代价值理性

在人的社会生活中占据统治地位，人们片面追求物质效率的最大化，快节奏成为生活的主题。在《肖申克的救赎》中，有这样一句话，"人生两件事，忙着生，忙着死"，忽视了人格的营养与灵魂的滋养。

学校受不良社会风气及功利性的影响，为了维护自己的声誉不断提高升学率，偏重于培养学习优秀的学生，却疏忽了对学习困难、违反纪律的学生的严格管教，这一类学生容易被贴上"坏孩子"的标签，成为校园中最不稳定的因素。而学校也只顾一味地用分数来评价学生的好坏，导致"坏孩子"拉帮结派成立了欺凌小组。这也是为什么欺凌事件大多都是群体性行动的原因。

学校也不敢批评欺凌者的欺凌行为。由于学生的心理较脆弱，学校害怕承担责任。批评欺凌者的话语过重，可能会导致学生想不开而自杀。然而学校选择一味地纵容欺凌者会使他们继续欺凌他人，最终走上违法犯罪的道路。

另外，学校附近的娱乐场所也是一种不良的社会风气，严重腐蚀着孩子们的身心健康。加之学生具有很强的模仿能力及较差的辨别是非能力，很容易导致学生学得这些恶习。

（二）学校重智轻德，管理疏忽

1. 应试教育的弊端

首先，工具理性在全球范围内的普遍确立，导致教育教学活动片面追求效率的最大化，用知识的多少来衡量教育的价值。大多数教师在处理校园欺凌事件的时候，不自觉地按学生成绩的好坏来判断是非曲直，处理问题的手段与方法往往简单粗暴，不能够公平公正地对待学生。

其次，部分学生因担心学业成绩落后而被嘲笑，过重的学习负担压抑着不成熟的身心。当压力积聚到一定程度，他们会想要找一个发泄的对象——身边的同学。压力较大的情况下，学生也不懂得如何与他人和谐相处。若教师能够关注全班同学的日常学习行为及情绪反应，及时发现并且教育那些情绪易冲动且行为异常的学生，并为他们疏导心理问题，就能防治校园欺凌行为。

最后，教师在学校里是否能掌控学生的行为与校园欺凌事件的发生频率有着密切联系，根据调查显示，90%的老师表示大多数时候只关心课堂表现，很少关注学生课后的情况，与家长的联系也很少，即使联系，也仅仅谈论有关学习成绩的事情。思想品德课的时间也往往被主科老师占用，素质教育流于形式。

2. 心理健康教育薄弱

目前很多学校没有开展过预防校园欺凌行为产生的教育工作，学校的教育起着主导作用，缺乏有效的心理指导及法制教育是校园欺凌行为产生的重要原因。同样，父母作为孩子的启蒙教师，家庭教养方式会对小学生校园欺凌行为的发生产生较大的影响。

现阶段，我们得知大部分的学校并没有开设心理健康教育课程。学校也没有专门的心理咨询师，当然也没有设置心理咨询室。部分学校有心理咨询室，但是却没有发挥它的作用。一方面是心理咨询室设施不完善、常年堆置杂物。另一方面是学生怕报复或者碍于面子不敢向心理咨询师倾诉。当学生在心情低落、委屈时，无倾诉的对象，很容易出现欺凌行为。

学校没有组织家长委员会来交流学习、共同探讨关于防治校园欺凌的知识。这样老师和家长不能进行及时地沟通了解学生的心理健康水平。学生的情绪难以舒缓和释放，可能会导致欺凌行为的发生。

3. 校园欺凌防治措施不全面

学校没有形成应对校园欺凌的应急机制，预防措施也不到位。校园欺凌事件发生后，绝大多数学校没有严格按照校规校纪来惩戒有欺凌行为的学生，对校园欺凌事件的态度总是采取"大事化小，小事化了"的态度，或者简单地认为是学生间的玩笑疯闹，忽视其对学生的身心造成的极大伤害。更有个别学校为了维护自身利益和形象，害怕欺凌事件会影响到学校的声誉及地位，敷衍地处理校园欺凌行为。学校所做的仅仅是通知欺凌者与被欺凌者的父母到校进行调解，最终的目的在于息事宁人，并没有从根本上解决校园欺凌的问题。欺凌者没有受到相应的惩罚与代价，气焰被助长，愈演愈烈。被欺凌者的身心也没有受到保护，易产生精神疾病。

学校忽视对隐蔽的地区及周围环境的治理，大多数学校监控管理的仅仅是学校内的教育教学活动的场所，但对教室之外的隐蔽场所和一些黑暗的角落却很少去管理，导致校园欺凌事件频繁发生。网络欺凌、关系欺凌间接的欺凌行为的结果往往比较隐蔽、轻微，但是其造成的危害却极其严重，我们应加强校园管理制度的建设。

（三）父母责任缺失，家庭结构失衡

1. 家长教育观念的偏差

根据调查显示，大部分家长都认为孩子间的嬉笑打闹是一种正常的现象。只要自己的孩子没有遭受严重的身体伤害。他们很少参加学校开展的针对校园欺凌问题的主题活动。由于对校园欺凌认识的不足，当孩子告知家长自己受伤害或者心里委屈的时候，家长们就认为孩子在学校中遭受了欺凌行为。家长到学校要求学校和欺凌者对自己的孩子进行身心赔偿，这种强烈的维权意识，更易导致孩子的行为偏差。

现代社会竞争激烈，一些家长受社会不良社会风气的影响，变得急功近利。他们处理事情的态度也影响了学生的世界观和价值观。一些家长自身素质不高，经常满嘴脏话，经常动手打人。孩子慢慢地养成了不用武力不能解决问题的习惯。一些家长还认为把孩子送进学校，学校应该负全部的责任，自己则无关紧要，他们一味地看重的是学生的成绩，而忽视学生的品德。为了孩子能考入重点学校或者班级，"不择手段"，轻则讽刺挖苦、重则打骂。久而久之，孩子就认为只要成绩上去了，无所谓自己是否自私、是否不团结同学；做事情只考虑个人得失、不考量他们利益，不站在他人的立场，全面地看待问题；世界只有竞争没有合作，他们为了目的不择手段。

2. 家长教育方式的不当

在传统观念中，家长与老师都不约而同地认为，父母是孩子最好的老师。家庭教养方式的不同，对孩子身心健康发展起着至关重要的影响，影

响到孩子人格特质的形成。进行"绵羊式教养方式",即放纵式教养方式的家庭的父母对孩子过分溺爱,让孩子自己做主,具体表现为孩子形成了任性、自私、野蛮的人格,现在的孩子独生子女较多,家长对孩子过分溺爱,导致他们没有集体意识,自私自利,占有欲强;"豺狼式教养方式"即权威型的父母想要控制孩子的所有一切,导致孩子极度缺乏安全感、退缩、服从、胆怯,甚至形成不诚实的人格。同时,父母溺爱的实质是剥夺和无视孩子真正的需要,给孩子一大堆本不需要的东西,用替代物剥夺孩子体验的自由,结果造成孩子心理营养不良甚至扭曲。而当孩子出现心理和行为的扭曲时,大人又无法给出真正的反馈,甚至假借纵容孩子来纵容自己。溺爱也成了让孩子来承担大人教育失当的借口。

大多数家长表示由于平时工作的繁忙,很少会与孩子沟通校园欺凌方面的知识;教师则表示自己忙于教学、提高学生成绩,忽视了校园欺凌方面的沟通。部分家长长期忙于工作很少关心爱护孩子,很少与孩子进行沟通交流,缺乏对孩子的心理健康的教育。面对家长的忽视,孩子们故意采取极端的方式引起家长的注意。另外,离异家庭也会让孩子感觉到孤僻,对孩子身心造成极大的影响。有些父母喜欢的教育就是拳打脚踢。时间久了,孩子就会产生逆反心理,影响其健康成长,慢慢地孩子就学会了用粗暴的手段处理人际关系与社交关系。

3.家庭结构不完整

单亲家庭的孩子由于从小缺少父爱或者母爱,很容易缺乏安全感,变得唯唯诺诺、内向、敏感、自卑,这类孩子在学校中极易成为被欺凌者。当单亲家庭的孩子与身边的同学产生冲突时,他们更倾向于采取极端的行为来解决问题。重组家庭的孩子,由于子女与父母亲的紧张情绪往往会导致嫉妒、仇恨他人。在单亲家庭与重组家庭中的孩子,极易发生行为的偏差。离异家庭中的父母在离婚前会因矛盾而整天打架,就会产生不和谐的家庭环境氛围。子女的第一任老师就是父母。他们会模仿父母的各种言语和力量方面的攻击行为,而且父母离婚这件事会打击到孩子们的自尊心,他们害怕被嘲笑。一旦被嘲笑,他们会采取攻击行为来保护自己。重组家庭中的孩子相对离异或者单亲家庭中的孩子受到的心理伤害往往更为严重。新的父亲或母亲进入家庭后，重组家庭的子女们一方面要鼓起勇气去接受父母亲选择的新配偶，另一方面要和继父母搞好关系。大部分孩子始终走不出这个阴影，他们不愿主动接受父母选择的新配偶。他们的心理负担会很重，导致学习成绩差、纪律差甚至产生欺凌他人的行为。

（四）学生心智不成熟，理性思维欠缺

1. 学生对校园欺凌行为缺乏深入认识

学生与老师认识的差异性大概是源于小学生心智不健全、想问题较大人单纯、片面，因此，不能透过现象抓住事物的本质。小学生由于年龄特征对世界很多事情都有新鲜感，但是他们的认识水平却是有限的。他们对如何更好地与他人交流沟通难以进行正确的分析。

2. 被欺凌者胆小懦弱，求助意识差

校园学生的年龄相对较小。他们正处于身心发育的阶段，活泼好动，处于叛逆的时期，各种命令不准做的事情都想去尝试一下。处在这一阶段的学生，心智还不成熟，不具有明辨是非的能力，当遇到欺凌行为的时候，容易产生消极的情绪，这些都特别容易引发学生欺凌或被欺凌的现象。

通过调查我们发现：性格内向、不合群、单亲家庭、离异家庭、留守儿童以及家庭贫穷的学生容易成为被欺凌的对象。身体虚弱、有残疾的、性格自卑、怯懦的学生容易成为被欺凌的对象。他们在力量上明显处于弱势地位，很容易被欺凌者欺凌。还有部分学生爱多管闲事，背后说别人坏话，也容易成为欺凌者。绝大多数被欺凌者对于欺凌事件不向教师或者家长求助，这样不但放纵了欺凌者，而且从另一方面强化了欺凌者的欺凌行为。

3. 欺凌者理性思维欠缺，情绪易冲动

从欺凌者的角度进行分析：欺凌者在身体力量上处于优势地位，心理上则表现出情绪易冲动，不懂得如何与他人和谐相处，一个小小的导火索就会导致欺凌者与他人发生矛盾甚至是攻击行为，长此以往，在人

际交往中习惯性地使用武力解决问题；欺凌者的父母忙于工作，很少抽出时间关心他们的身心成长；学生比较喜欢独立，他们有着强烈的逆反心理，如果他们不认同家长教师的教育方式，就会产生矛盾，甚至做出伤害老师、家长的攻击行为。

二、校园欺凌产生的根源

中国人民公安大学王大伟教授认为校园欺凌行为的发生，应该从犯罪心理学、犯罪生理学、犯罪社会学中探究。

（一）用弗洛伊德理论分析校园欺凌产生的根源

犯罪心理学中比较有代表性的学说之一是弗洛伊德的个性心理系统。我们可以从弗洛伊德的个性心理系统说起。

弗洛伊德的个性心理学系统有两个基本原则：

第一，快乐原则，即各种性本能显然从一开始发展到终结都表明追求快乐的激动的目的；

第二，现实原则，即受过教育的自我已经变得懂道理了，它不再被控制于快乐原则，而是被控制于现实原则。其实，现实原则也是以快乐为目的的，不过由于考虑到事实，是被延缓和减轻的快乐。

弗洛伊德怀疑犯罪是一种反社会人格，它所追求的是即刻满足，因为不堪忍受现实生活中的单调与无聊。

弗洛伊德的精神分析包括三个动力系统，即本我、自我、超我。本我由性本能与攻击驱力所组成，是原始的部分，本能冲动不懂得道德与逻辑，只受"快乐原则"的支配，盲目地追求满足。自我是一个控制系统，指导内驱力寻求满足时必须以现实为依据。自我的机能是抑制本我的冲动，以便使内驱力得以满足，但必须在社会的控制下完成。超我是人格中的道德因素，即道德化的自我。它代表着一切智力机能，是整个社会道德要求与行为标准的反映。

自我控制本我的最基本的方式是通过压抑防卫，即把冲动抑制进理智的过程。通过压抑，自我已经萌发的冲动保留在无意识状态，使其不可能真正行动。既然社会的道德规范是直接指向性本能和攻击性冲动，而对其实施压抑作用，那么超我和本我就永远处于不同的位置而相互作用。这种斗争的副产品之一是恐怖心理，恐怖是自我采用适当的步骤控制冲动的一种信号。因此，压抑给自我提供了最直接的产生恐惧感的机制。性与攻击的冲动被重新遏制进入无意识状态。

弗洛伊德的理论告诉我们，任何一个人在出生之后，身体里都有可能导致犯罪的本能因素，如力比多和性冲动等，这些犯罪因素会随时爆发。为了防止这些犯罪因素的发生，增加了自我和超我的双重保障。这就是弗洛伊德个性心理系统的基本原理。根据这种理论，犯罪是人体自发的。自我和超我中的双重保障如果失效，那么快乐原则与现实原则之间的平衡就会失控，从而产生了犯罪。

根据弗洛伊德个性心理系统的基本原理，就可以解释为什么在一个班级里，有的孩子参与了校园欺凌，而其他孩子没有参与，这与他们的性格与心理系统有着较大的关系。

2. 用"犯罪亚文化"看校园欺凌产生的根源

亚文化是与主流文化相对应来说的，是一种非主流的、局部的文化现象。它是指在主文化或综合文化的背景下，属于某一区域或某个集体所持有的观念和生活方式。一种亚文化不仅包含着与主文化相通的价值与观念，也有属于自己独特的价值与观念。

青少年罪错的亚文化理论认为，学校中一般存在着两种文化：一种是努力向上的主流文化，另一种是行为不良的青少年犯罪的亚文化。如果一名学生进入到学校周边的黑网吧或者犯罪团伙中，那么他就容易接触到犯罪亚文化。

犯罪亚文化主要有三点特征：对校园欺凌行为给予道德的支持；提供校园欺凌的技巧；把欺负同学、盗抢同学财物美化或转化为一种合理、常规的行为，漂白黑色的行为。如果孩子在主流文化中得不到重视，那么犯罪亚文化就会给他们提供温暖、保护、道德的支持。

3. 用"青春期恐惧症"分析校园欺凌产生的根源

青春期恐惧症理论是由马扎提出来的。这一症状的根源在于青年人在生理与心理两方面都处于一种中间状态,心理发育滞后,和生理的发育不成正比,即半成人、半少年、半幼稚、半成熟。这时候的男孩儿和女孩儿急需一个舞台来展示自己生理和心理的发育。特别是男孩儿,少年气盛,同时又对自己的阳刚之气、对自己在同伴心中的地位产生忧虑。成人可以在各种地方找到展示自己的舞台,但是青少年却缺少这样的舞台。他们中的一部分便会采取一些刺激和发泄行为来展示,校园欺凌便是突出的表现之一。

当这些青少年长大成人之后,青春期恐惧症也会消失。因为他们的一些不稳定因素已经被其他的一些正面力量所淹没,如男性发达的肌肉、健全的体格、学业成绩、就业、结婚、生儿育女等。到达这个阶段后,往日的同学聚集在一起,回首往事,都会为往日的欺凌行为而后悔。

4. 用"漂移论"解释校园欺凌产生的根源

"漂移论"也是由马扎提出来的,其主要观点是:少年的欺凌行为是一种类似台球滚动中的可控与不可控的综合过程。台球的滚动既有人击打的意志,又有其滚动的不可控制性。校园欺凌行为受外界多种因素的击打而滚动,超出了青少年自我控制的范围。

许多青少年在校园欺凌行为中飘来飘去,面对选择不知所措。他们一半进入了传统生活,另一半又采纳不常规的传统,飘忽于校园欺凌外与校园欺凌内。

5. 用"标签论"看校园欺凌产生的根源

"好孩子""坏孩子""优等生""差等生"便是外人对一个孩子所贴的标签,这就是标签论。

标签论是社会对人的一种认定程度。这种标签有可能是慢慢贴上去的,也有可能是在互动中不断形成的。这些标签就是一个人在社会中的定位。如果给一个孩子贴上了标签,那么这个标签就是这个孩子在校园中的定位。

孩子标签的粘贴，一方面是由这个孩子的行为决定的，另一方面是由学校、老师、同学、家长等对他的认可程度和期待程度决定的。由此可见，人不仅仅是一个生物的人，更是一种社会关系的总和。

孩子的一个行为或一个冲动都会给自己贴上标签。

"好孩子"的标签，是学生在学校经过一段时间的学习生活后，老师和同学对他的认可，比如说班长或学习委员，他们会自动地被贴上"好孩子"的标签。"好孩子"的标签一旦贴上，对这个孩子的发展就会更好，学校、老师、同学、家长都会以更期待的眼光来盼望这个孩子不断进步，即使这个孩子犯了一些小错误，学校、老师、同学、家长也容易原谅、容易迁就他。

"坏孩子"的标签，是学生在学校学习生活一段时间后，表现出来的是调皮、不遵守纪律、不听老师话、学习成绩不理想等，慢慢地，他们就被贴上了这个标签。这种标签一旦被贴上，便不容易被摘掉。被贴上"坏孩子"标签的孩子，可能会破罐破摔、学习兴趣下降，甚至会产生逃学的念头，慢慢地，就真的变成了"坏孩子"。

还有一些学生，只是埋头学习，不参与班级的任何活动，他们会被贴上"中间层级"的标签。

这样一个班级中就出现了"好孩子""中间层级""坏孩子"三个层级。这些层级的形成，便与校园欺凌行为的产生有着很大的相关性。

第八节　校园欺凌的现状

校园欺凌已经成为一种普遍现象，几乎每个学校都有发生过，并已经受到了极大的关注。根据表1-4我们可以得知，全球校园欺凌行为的比率在逐年上升。

表1-4 全球少年在学校受欺负比率

年度	11岁		13岁		15岁		总计	
	人数	比率（%）	人数	比率（%）	人数	比率（%）	人数	比率（%）
2001—2002	55 503	38	55 987	36	50 816	27	162 306	34
2005—2006	66 707	37	69 954	35	67 873	27	204 534	33
2009—2010	66 349	32	70 685	31	70 300	24	207 334	29
2013—2014	70 293	32	75 385	30	71 941	23	219 460	28
总计	25 8852	34	272 011	33	260 930	25	793 634	31

在我国，校园欺凌行为也是普遍存在的，根据一项调查显示，约42%的中小学生都曾亲历过校园欺凌事件。这其中，有27%曾是校园欺凌的加害者，而66%曾是校园欺凌的受害者。而且，在小学生中体现得更加明显，见表1-5。

表1-5 我国中小学生校园欺凌状况调查表

主体	相关经历		
	遭受过欺凌	实施过欺凌	其他
中小学生	66%	27%	7%
中学生	87%	9%	4%
小学生	28%	58%	14%

注：表格数据来源于安徽大学法学硕士李晴的论文《校园欺凌犯罪现状、原因与防控对策研究》。

在性别方面，欺凌者中男孩儿的比例较大，被欺凌者中男孩儿与女孩儿的比例相差不大，由此可见，女孩儿更容易成为受害者，见表1-6。

表1-6 中小学校园欺凌性别调查表

角色	性别	
	男性	女性
欺凌者	74%	26%
受害者	56%	44%

注：表格数据来源于安徽大学法学硕士李晴的论文《校园欺凌犯罪现状、原因与防控对策研究》。

在校园欺凌发生地点上，在校园内发生的约有19%，在校园附近发生的约有43%，在校园外发生的约有38%。

在欺凌形式上，手段各式各样，肢体暴力、言语欺凌、孤立等形式均包括在内。根据调查，大多是以身体暴力与威胁为主，其次是言语侮辱和讽刺，接着是行为侮辱和歧视、孤立，最后是网络欺凌，还有其他一些形式，见表1-7。

表1-7 中小学生校园欺凌行为调查表

■百分数

注：表格数据来源于安徽大学法学硕士李晴的论文《校园欺凌犯罪现状、原因与防控对策研究》。

在各方态度上，无论是在校园管理上，还是家庭教育方面，校园欺凌行为的危害还没有得到广泛的重视和宣传教育。在处理方式上，9成学生在向学校或老师反映这一现象时，都没有得到重视，或者学校或老师不管不问。大部分学生遇到校园欺凌都会报告学校或老师，有的甚至报警，而有17%的学生会选择报复或反抗，3%的人会选择默默忍受，见表1-8。由此可见，校园欺凌行为存在不易被察觉，不能得到及时的制止和处理的状况。

表1-8　学生面对校园欺凌的态度

角色	态度		
	告诉老师或家长	报复或反抗	默默忍受
中小学生	80%	17%	3%
小学生	77%	9%	14%

注：表格数据来源于安徽大学法学硕士李晴的论文《校园欺凌犯罪现状、原因与防控对策研究》。

◆ 第二章

言语欺凌与网络欺凌

第一节　言语欺凌

言语是人们在日常生活中运用语言去与别人交往和自己思考的过程。人们在一定程度上接受言语的支配。言语刺激可以使人发生情绪的变化，从而做出某种冲动的行为。不当的言语刺激是青少年心理畸形的重要诱因之一。由于青少年的认知还没有完全成熟，分辨能力不强，再加上年轻气盛容易激动，如果长期接受言语欺凌，会使他们的身心健康受到很大的伤害。言语欺凌不太容易被注意到，因为言语欺凌不像身体欺凌那样以外在的形式表现出来，其伤害的是人的心理及精神，属于一种软暴力，其形式一般表现为起外号、威胁、戏弄、辱骂、奚落、嘲笑、造谣等。

案例

（1）在美国加利福尼亚州桑蒂市，一名15岁的高中新生安迪持枪到学校，击毙了两名同学，另外13名同学和几位成人受伤。无法想象，造成如此惨剧的是一名刚刚十五岁的高中生。为什么他能如此暴力对待自己的同学呢？安迪的一位朋友解释道："他经常会被别人欺负。他身材特别瘦小，有很多讨厌的人会侮辱性地叫他厌食的安迪。"他的弟弟也证实了这一说法，他说道："安迪已经习惯被嘲笑了，他的耳朵很大，再加上他非常地瘦，人们都喜欢欺负他，从我记事起就已经这样了。"安迪的朋友尼尔说："人们认为他很蠢。最近，他的两个滑板车被偷了。"另一个年轻人也承认："我们会经常虐他，我是说，口头的，我也曾经有一次叫他'蠢货'。"

（2）加拿大不列颠哥伦比亚省萨里郡的14岁男孩儿哈米德跳楼自杀前写了满满的四五页的自杀遗书，上面列举的都是他所受到的各种辱骂。其中，最常见的词语有"四眼""大鼻子""畸形""怪胎""蠢货"。

（3）美国纽约州水牛城的14岁男孩儿杰米从小学起到高中一年级止，一直遭受着言语欺凌。人们喊他"蠢货"，还说"我才不管你死不死。没人会管，所以，你去死吧。你死了，每个人高兴还来不及呢"。有一天，长期遭受言语暴力的杰米选择亲手结束自己的生命，他真的自杀了！在临死之前，他上传了一段视频，名为《我解脱了》。然而一个活生生的生命消逝在眼前，这群欺辱他的人还没有对自己的所作所为进行反省，甚至自杀这件事还被当成了笑柄。在杰米的丧期过后，他的妹妹曾经参加了学校组织的舞会，亲耳听到了欺凌者们针对他哥哥所合唱的一首《我们很高兴你已经死了》。

（4）萨利是一名高中生，但是她不想继续上学了。原因不是因为她不喜欢学校，也不是因为她和新朋友相处得不好，而是因为她要上学必须乘坐公交车，而公交车上的那群高中生让她浑身感觉不自在。她经常乘坐的那辆车，有一群高中生跟她一起乘坐，这群高中生几乎都把整辆车塞满了。

一天，她上车后顺着过道往里走，想要找到一个座位坐下，但是这群高中生却把书包放在了空位上，导致她没有地方坐。她找了一圈都没有一个座位能够容纳她，这让她十分尴尬，无奈的她只得站着。有时候这群高中生会对她评头论足，讨论一下她的校服，讨论一下她的衣着打扮，讨论一下她的书包等等，而且声音还很大，这群人肆无忌惮地嘲笑她，每次都能让萨利听到。萨利敢怒不敢言，只想快点下车。其中有一个高中生还当面问她："为什么不坐下一班车，为什么非要赖在这辆车上，以为自己很受欢迎啊？"这只是言语暴力的一部分，还有一些更过分的肢体暴力。比如：有人会用纸团来砸她的头，她只能假装自己在听歌，装作没有发生这件事，但是实际上她已经害怕得快哭了。

很显然，那群高中生不喜欢萨利的学校。她觉得，那群人不是直接针对她的,至少她自己是这么想的,尽管这看起来就像是针对她的人身攻击。萨利很确定,那群高中生不会做出什么真正的暴力举动,但坐上这趟公交车变得越来越难受了。现在,萨利只要想到要坐这趟车,就会难受得跟已经坐上车的感觉一样了。

每天晚上,萨利都会反复琢磨,他们接下来还会做什么。她脑海里浮现了一些画面,他们会在过道里伸腿绊倒她,撕扯她的头发等恶劣行动,让她在众人面前出糗。一想到这些,她就睡不着觉了,第二天就会没精打采,于是恶性循环,同时她还发现,她的饮食也受到了影响。

上述几个案例中,安迪在无法忍受言语欺凌的情况下做出了无法挽回的事情,而中间两个例子中的被欺凌者则选择了自杀,最后一个例子中的被欺凌者心理和身体都受到了伤害。在某种程度上,言语欺凌比身体欺凌造成的伤害更大。所以要高度重视言语欺凌的危害,将防治言语欺凌提到日程上来。

一、言语欺凌现状

1. 青少年之间的言语欺凌

据有关资料显示:青少年学生之间的言语欺凌行为较为普遍,"语言伤害"竟高达81.45%。一些地区高达70%的青少年学生普遍受过校园各类欺凌,其中言语欺凌高达50%,且有10%的学生经常遭遇言语欺凌。

2. 教师的言语欺凌行为

有资料表明:48%的小学生,36%的初中生,18%的高中生表示教师对他们进行过言语欺凌。而其中51%的小学生,72%的初中生,39%的高中生表示教师的言语欺凌对其造成了心理伤害。

3. 家长的言语欺凌

遭受家长言语欺凌的青少年也普遍存在。负面言语欺凌,表现形式多种多样,词性有讽刺、挖苦、恶毒的咒语、威胁、恐吓、说脏话、粗语、戏弄、取笑、取绰号等。严重伤害了青少年的心灵。

二、言语欺凌行为的行为表现

1. 言语欺凌者的特征

欺凌者有身体上的优势;性格冲动、有过动倾向;在社交中以自我为中心,喜欢指使别人,缺乏同理心等交往技巧;在处理问题上具有暴力倾向;表现较高的神经质或低智商;特定的身份赋予其一定的"权力"。

2. 言语受欺凌者的特征

受欺凌者在身体上处于劣势;性格比较内向孤僻、害羞和怕事;表达能力不佳;不受重视,只有很少朋友,缺乏与朋辈相处的社交技巧;不善于处理冲突或解决问题,容易引起同学不满和反感;拥有某种特征或行为习惯,与一般同学有异;有残障等。

3. 中学生言语欺凌行为的行为表现

通过调查统计发现,中学生言语欺凌的表现形式多种多样,一般可归为十类:

(1)说脏话粗话,包括不雅流行语(经常接触的占 26.7%)。

(2)嘲弄揶揄,如取绰号、戏弄取笑,故意问一些无聊、愚蠢的问题(经常接触的占 26.7%)。

(3)轻视诽谤,如对人格、人身、能力、出身等方面的攻击(经常的占 12.2%)。

(4)指桑骂槐,即表面辱骂甲同学实际是骂乙同学(经常接触的占 16.7%)。

(5)咒骂辱骂,即用恶毒的语言咒骂他人(经常接触的占 17.8%)。

(6)威胁恐吓,包括说话霸道、不讲理(经常接触的占 16.7%)。

(7)命令使唤,即故意使唤他人做出某种行为(经常接触的占 14.4%)。

(8)故意作对、拒绝依从,包括用语恶意伤人、不负责任(经常接触的占 13.3%)。

(9)经由他人伤害对方,包括背后说人坏话、散布谣言(经常接触的占 13.3%）。

（10）宣称所有权，即不是自己的东西故意说是自己的（经常接触的占 11.1%）。

三、言语欺凌造成的后果

1. 被欺凌者自我认识的扭曲

言语欺凌行为将扭曲受欺凌者的自我认识，致使其自卑、怯懦、退缩、孤立、优柔寡断、不自尊自爱，甚至延至成年期产生社会性焦虑等心理障碍，也将可能欺负妻儿等家庭成员，甚至会欺凌下一代。

2. 被欺凌者的反叛与情感麻木

遭受言语欺凌的青少年往往被同伴贴上了以讥笑或排挤为目的的负面标签，以致出现性格内向、自卑、消沉、学习成绩下降，甚至厌学、逃学、悲观厌世、自杀等现象。据调查，42% 的青少年在遭受言语欺凌时，采取"忍气吞声"的态度，而近 30% 的学生会想到逃离学校，其中 10% 的学生会付诸行动，另有超过 1/6 的学生会采取报复行为。在调查中发现，被欺凌时近 70% 的学生会感到生气或难过，但是，如果看到他人被欺凌时，为之感到生气或同情的却不到 14%。甚至超过 10% 的学生表现出"毫无感觉"，而且有 10% 的学生显出"假装没看到或听不到"的态度；主动提供帮助或对受欺凌者予以安慰的仅为 7%。

3. 被欺凌者犯罪

有研究发现，经常对同伴实施欺凌的青少年，长大后违法犯罪行为明显增加，其可能性甚至高出一般人群的 5 倍。

四、言语欺凌的成因

（一）个体因素

1. 社会认知的偏差

青少年学生言语欺凌行为的发生，大多由于其在社会认知加工过程的某个或几个环节上对社会信息未能进行有效加工,或在此中出现了社会认知偏差,从而导致言语欺凌行为的启动。这种社会认知偏差,主要表现为敌意性意图直觉,由此致使其在社会化过程中形成了言语欺凌行为正向效能观念,即对自身实施的言语欺凌行为持有积极性社会化观念或价值取向。使之在预期言语欺凌行为结果时,做出正向效能评估,相信自己拥有很强的攻击实力,并认为它将给自己带来诸如维护自尊、群体认同等利己性、积极性结果。这样,青少年学生在社会化过程中就逐步构筑起由攻击性社会认知经验而构成的认知图式。当社会冲突情境中的相关线索出现时,便激活主体认知结构中的攻击性社会认知经验,并启动无意识的社会认知加工过程,从而导致言语欺凌行为的自动化和习惯化。

2.个体情绪的失调

一方面,移情较好的青少年学生更多地表现出利他、分享、慷慨等行为,能很好地理解他人的行为和内心感受,在不明确他人行为之动机时,一般不会做出敌意的归因,也就不会产生不安或愤怒情绪。反之,则不能很好地预见自我行为对他人的伤害,故更易采取言语欺凌行为以实现其目的;更有甚者,其确已深知对方的痛楚却不愿或难以停止自己的言语欺凌行为,形成了"一吐为快"的"冷认知"。另一方面,比移情更能引发言语欺凌的情绪是愤怒。在敌意情绪中,只要愤怒占上风,敌意情绪将不断增强,并随时发生言语欺凌等攻击行为。诚然,情绪与言语欺凌行为密不可分,情绪失调会导致言语欺凌的发生,言语欺凌发生时必然伴随着强烈的情绪体验。个体对负性情绪调节越不完善,言语欺凌行为越频繁,强度也越大。

3.人格特征的影响

所谓人格特征,是指一个人的知识结构的总和,它是图式、脚本和其他知识结构长期运用的结果,它包括个体的特质、信念、态度和价值观等方面。就特质而言,存在高攻击性人格特质的青少年学生,在很大程度上是因其易受敌意性归因、直觉和预期偏向的影响。就信念而言,若其相信自己能成功实施言语欺凌行为且这种行为将为之带来理想结果，则更喜欢选择言语欺凌行为。就态度来说，若对同伴的言语欺凌行为持积极态度，则该群体中的学生对他人的言语欺凌行为必然明显增加。而就价值观言之，言语欺凌行为的发生与其跟社会规范相悖的价值观密切相关，而这种价值观则主要表现为社会认知的偏差或缺陷。即青少年学生对自身的言语欺凌行为存在认识上的"偏轨"，认为以暴力处理人际关系冲突是完全可接受的方法，并将实施言语欺凌作为谋求同伴认可和"地位"的手段，由此产生较强的支配欲，言语欺凌由此成为他们所喜欢的解决问题的方法。

（二）环境因素

1. 家庭环境

在家庭，由于青少年被过度"呵护"而不懂得如何保护自己和尊重他人，更使之多以自我为中心，在人际交往上缺乏真情互动和有效调适，以致言语欺凌者和被欺凌者之间缺乏有效的沟通，也就无法体会他人感受并不可能尊重和包容他人。而且，青少年学生欺小凌弱的行径，均可在家庭生活中找到情绪失控以及暴力行为的迹象；家庭内以直接冲突解决矛盾的策略，往往成为青少年言语欺凌行为的预测因素。一般地，父母感情不和谐、亲子关系不融洽、兄弟姐妹关系不和睦等均会明显提高青少年学生的言语欺凌行为。

2. 校园环境

（1）教师的言语欺凌行为给青少年学生提供了"榜样"。据调查，48%的小学生、36%的初中生和18%的高中生表示教师有过语言欺凌，而51%的小学生、72%的初中生、39%的高中生表示教师的语言欺凌对其造成了心理伤害。这是一个不容忽视的问题。

（2）学校的漠视导致校园言语欺凌行为的蔓延。校方普遍认为言语伤害是小事，无须大惊小怪，于是等闲视之，发生恶劣的言语欺凌行为也就严词制止，至于效果如何却未予考虑。这种淡化、漠视或纵容的做法，正传递着一种不良的价值观念,无形中助长了欺凌者的气焰,加速了欺凌行为的蔓延。

(3)同伴欺凌行为得不到遏止,助长了互相效仿的风气。

3. 社会环境

当今,一种以语言为形式的文化暴力正隐性地污染着社会环境,它过多地注重感性宣泄和感官刺激,恣意地张扬不健康个性,致使青少年学生的语言变得肤浅、庸俗、晦涩、猥琐、浮躁乃至粗鄙和肮脏,呈现洋化、封建化、粗鄙化和庸俗化倾向。这种语言暴力正通过影视、大众媒体、广告、商品等载体或以人际交往的形式,劈头盖脸地袭来。尤其在互联网上,虚拟的环境致使青少年学生更易实施文本化的言语欺凌行为,加之青少年热衷于网络游戏,其对虚拟角色的过分侵犯,容易导致将游戏中的攻击行为转化为现实攻击性行为。诚然,社会各媒介过度渲染和扭曲攻击行为,将攻击行为合理化、英雄化,而漠视伤害与痛苦,并在周而复始的灌输中,给青少年学生提供了恃强凌弱、为达目的不择手段的不当示范,成为其如法炮制的"样板"。更使青少年学生曲解了虚幻与现实,消解了其对言语欺凌行为的控制力,增强了其对该行为的容忍度,甚至对周遭的言语欺凌行为视而不见,鼓励了其言语欺凌行为,并热衷于寻找弱小的同伴做模仿、宣泄或伤害的对象。

4. 即时情境

情境因素是当下情境中诱发或抑制言语欺凌行为的诸方面之总和,它包括攻击性线索、挑衅、挫折、疼痛与不适、酒精与药物等。攻击性线索是指与言语欺凌行为相连接的对象和事件,它能启动储存于记忆中的攻击性思维、情感和行为。譬如,有关武器的图片和文字,以及有暴力情节的影视和游戏,均可自动诱发攻击性思维,引起言语欺凌行为。可见,情境因素通过引发个体的心理生理变化和主观体验,进而诱发攻击行为,故情境因素的强弱在一定程度上决定着青少年学生言语欺凌行为发生率的高低。

五、对言语欺凌的预防与应对

（一）净化环境

1. 净化校园环境

（1）净化教师语言。净化后的教师语言是矫正校园言语欺凌的榜样，我国《未成年人保护法》第15条规定，"学校、幼儿园的教职员应当尊重未成年人的人格尊严，不得对未成年学生和儿童实施体罚、变相体罚或者其他侮辱人格尊严的行为"；《教师法》第37条也规定，教师如有"品行不良、侮辱学生，影响恶劣的"情形，将予以行政处分或解聘。所以，教师必须依法杜绝带讽刺性、侮辱性、蔑视性、过激性、恐吓性、指责性、训斥性的语言。

（2）加强对学生敌意性语言的矫正。学校要对言语欺凌行为有足够的警觉和关注，对偏差行为及早介入，防止言语欺凌的蔓延与影响，遏制可能的言语欺凌于未然之中，使预防效果达到最大。在此过程中，学校全体成员的通力合作是改善言语欺凌的有力保证，而且这种合作理念必须贯穿于各门课程教学之中，对言语欺凌者和被欺凌者展开团体治疗行动。

（3）优化校园物理环境。如控制环境温度、减少不适因素，甚至调节饮食等，均可能对言语欺凌行为的发生产生一定的抑制作用。

2. 净化社会及家庭环境

大众媒体是存在于社会环境中的一个重要因素，有些不良大众媒体以语言文化暴力深刻而严重地影响着青少年学生言语欺凌行为；家庭环境中的语言暴力更是直接对青少年学生的言语欺凌行为产生深远影响。干预社会和家庭环境中的语言暴力旨在改变青少年学生对言语欺凌行为的社会认知，避免其认同言语欺凌的广泛存在以及言语欺凌是环境解决的策略之一。

3. 重视言语欺凌问题的解决

同伴的言语欺凌行为得到及时有效的制止和惩罚，可以有效遏制该行为的蔓延和恶化，并有效规范和净化青少年学生的校园语言。为此，可以组织青少年学生对言语欺凌行为进行民主讨论，使之在讨论中认识欺凌的危害，尝试以理性而非强制性的方式解决问题；或由老师直接教授一些互动性语言技巧，让学生懂得理性的互动是解决问题的最佳方式，这无疑是对遏制言语欺凌甚有裨益的。

（二）提高学生防范言语欺凌的能力

有的人会专挑那些"软柿子"捏，他们挑选"软柿子"的方法很简单，先欺负一下试试，如果对方不反抗，他们就会变本加厉，发展出其他形式的校园暴力。如果受害者在言语欺凌发生初期能用积极的方法应对，就会大大降低被欺凌的发生概率。教师要帮助学生提高防治言语欺凌的能力，指导他们在面对言语欺凌时，先用诚恳的态度与欺凌者沟通，如果沟通不畅，可通过其他同学或教师进行协调。一旦发现班级有言语欺凌现象，要及时对实施欺凌的学生进行严肃处理，加强对欺凌现象的监督，让他们认识到言语欺凌对他人及自我造成的伤害，帮助他们用正确的方法解决同学间的矛盾。此外，还要对言语欺凌的受害者进行心理辅导，为他们提供救助服务，帮助他们从阴影中走出来。

（三）加强心理健康教育

可以通过心理健康教育和心理辅导，有计划地教导青少年学生学会调节情绪、自我控制、处理问题等方面的技巧，让其能够认识和了解自我情绪，体验积极情绪和消极情绪；并充分认识负性情绪的发生是自己的感受使然，并非他人使自己愤怒，故不能将原因和责任推至他人，使他人承担自己的负性情绪带来的后果。从而帮助青少年学生提高移情水平和社会认知能力，降低愤怒情绪，正确处理其内在冲突，以理性的方式控制并矫正敌意、生气、愤怒等不良情绪，以求合理地调节情绪并展开适当的情绪表达，从而有效提高学生的自我控制能力，继而改善言语欺凌现象。对青少年学生言语欺凌行为的心理干预，可以遵循以下步骤进行：

（1）弄清冲突发生的原因，据此做心理矫正工作。

（2）排除敌意性意图归因，并为学生提供适当的情绪宣泄途径，帮助学生采取合理的方式表达自我情绪，练习和发展适合自己表达愤怒的方式，使之潜在的愤怒得以宣泄，同时顺利移情。

（3）掌握自己情绪变化的规律及相应的控制方式，有效抑制言语欺凌反应，冷静面对冲突。

（4）寻求多种解决问题的方法，力求直接表达愤怒，语言真诚而不挖苦讽刺，做到既不带有攻击性，又能很好地宣泄情绪。

（5）在付诸言语欺凌行为之前，要认真考虑行为后果；选择解决问题的方法并实施；正确评估自己的行为结果。

（四）展开对话与合作

善于通过对话以沟通情感，是遏制言语欺凌的重要途径。要让学生了解言语欺凌行为的本质和危害，并懂得如何运用对话的力量来阻止可能发生的言语欺凌行为，让学生学会发出自己的声音以抵制言语欺凌行为。当然，同伴对青少年学生诸方面的影响是极其重大的。在群体情境下，同伴的认同和怂恿就成为言语欺凌发生的重要因素。换言之，营造具有安全感和合作氛围的学习环境有助于青少年学生道德价值的提升和健全人格的培养，从而降低言语欺凌的发生率。因为青少年学生之间的相互支持，可营造具有安全感的学习环境和学习过程。而在教学情境中善用同伴互助的合作教学方式，则可增进欺凌者与被欺凌者之间的互助性互动，这种互动性越高，学生就越重视人际关系上的道德价值。因此，教师可以开展以小组合作学习为基础的活动，增强青少年学生合作的经验，使之不仅可学习到与他人合作的技巧，也可从合作情境的温暖、支持气氛中得到正向的人际经验，渐渐改变其对人性、对外界的偏见。这样既使言语欺凌者脱离不良同伴关系带来的负面影响，又为之提供了学习良好行为的环境，由此不仅提高了学生学习的积极性，也对学生心理社会性发展产生积极影响。我们还要为学生提供丰富多彩的活动及良好的学习情境，让在学习、生活等方面适应能力不强或存在某种缺陷或不足的学生，能有自我表现的机会，使其能被重视和认同而可以一展所能，增进其自信心，使之有效正视并解决所面临的言语欺凌问题。

（五）调动各方力量

对言语欺凌的防治，仅仅靠学校教育单方面的力量是远远不够的，还需要调动各方力量。家长首先要有防范言语欺凌的意识，在日常陪伴中，应让孩子了解言语欺凌对人心灵造成的伤害，引导孩子使用符合道德规范的行为解决同学之间的矛盾，与同学友好相处。如果发现孩子遭受了言语欺凌，要及时对孩子进行疏导，并提供帮助。遇到自己解决不了的问题，要与学校合作解决。大众媒介及社会公益机构要主动承担起防治言语欺凌的社会责任，通过报刊、书籍、广播、电视、网络等媒介，增进广大青少年的法律意识和道德素养。

（六）建立"爱"言语、"爱"信仰

语言是人们彼此沟通、鼓励、帮助的桥梁。每个人的认知过程首先从接受语言开始，语言有管理和统治的功能，有传达、劝导等作用。建立和运用好诸如《爱之语》《生命中最重要的》《哈佛家训》《品格的力量》《天生棒的小孩》《家庭会伤人》《别和情绪过不去》等类书籍中养育孩子品格、道德、价值观等所用的语言，使孩子终身受益。故多方位地提供"爱"的语言、建立青少年"爱"的信仰，才能培养仁爱、喜乐、和平、忍耐、恩慈、善良、信心、温柔节制之品格。有了这些爱的品格才会在情感、情绪、信念、认知中产生"爱"言语，使人与人之间彼此理解、谅解、善待他人的同时也善待自己。与此同时，对青少年的评价不能以学习成绩、相貌、智商论英雄，更不能掺杂家庭背景等因素。只有对家庭、学校、社会的负面言语进行干预，从预防医学、健康教育、生物—心理—

社会医学模式及各学科相结合的角度出发,才能更有效地预防青少年身心疾病。爱的语言是人类进步的基础、心灵升华的需要,也是平安幸福的祝福,更是社会和谐、健康发展的保障。

(七) 积极开展生命教育

一般而言,青少年学生对受害者的同情之心,以及帮助受害者的欲望要比成年人强得多。所以,在此时介入适当的干预措施,可以使言语欺凌行为减少更多;而且,只有当关切他人之心被激发,才可能展开负责任的正向行为,也才有助于言语欺凌行为的解决。生命教育正是唤醒青少年学生关切生命、敬畏生命,激发同情心和关爱之心的以生命关怀为核心的教育。生命教育使青少年学生在体验生命的历程中,以生命教导生命,以生命理解生命,认识生命的意义,了解生命的价值,察觉与认识自己;让每个生命个体能体会他人生命与自我生命的同等重要,从而培养学生珍惜自己生命,尊重与珍惜他人生命,并在爱护、尊重、关怀生命中以爱作为人际互动的基础,发挥各自生命的潜能;帮助个人如何面对挫折并学会解决问题,提高自我情绪调节能力,达成自我的充分发展与自我发现。同时希望青少年学生能减少自我伤害与伤害他人的行为,减少自杀与杀人,从而让青少年学生远离罪恶,防患于未然以减少社会问题的发生,逐步趋向真善美。所以,我们必须及早树立生命教育新理念,展开以生命关怀为价值取向的敬畏生命之教育。

第二节　网络欺凌

随着互联网技术与移动智能手机社交模式的不断创新,网络欺凌行为逐渐成为席卷全球的一股逆浪,已然成为更加严重的社会问题。由于青少年学生年幼无知,加之其行为脱离了学校和家庭的监管,无论是欺凌还是被欺凌都难以准确把握边界和分寸，最终酿成难以挽回的后果。

一、网络欺凌的概念

1. 定义

网络欺凌，多指欺凌者借助互联网技术，利用网络自媒体、移动通信工具等设备在虚拟的网络空间里对自己看不顺眼或有矛盾冲突的人进行攻击的行为，欺凌一方在网上公布被欺凌一方的个人资料和隐私，或利用微信、微博、QQ、贴吧等给对方发送威胁、骚扰等信息，或伪装成被欺凌的一方在网上发布一些令其个人名誉受损的谣言、侮辱、诽谤、自污等信息，达到被欺凌者成为被众人围攻的对象的目的，造成受害者网上谣言诽谤信息满天飞等不良行为。

2. 三要素

网络欺凌行为必须具备三个要素：

一是欺凌者。实施欺凌行为的主动者。他可以是独立的一个人，也可以是一个群体组织。这些个人或群体在实施网络欺凌行为时一般都带有主观的恶意，大多是想要受欺凌的一方遭遇痛苦、难受和感到羞辱等。

二是被欺凌者。被欺凌的对象也叫受害者，以个体为主。这些人在遭遇到网络欺凌后都不同程度地受到打击和伤害，如精神恍惚、厌学逃课等，严重者会出现自杀等倾向。

三是网络新媒介的应用程度。在网络虚拟的世界里，学生网民只要拥有一部智能手机或电脑，再略懂点儿网络小技术，就可以在互联网络空间里成为"网络暴民"，对看不顺眼的另一方进行网络欺凌。

3. 网络欺凌的特征

（1）主客体的多元易变性。在网络的虚拟空间里，施暴者可以随心所欲地变换自己的个人信息，随时随地在隐秘的状态下锁定目标进行欺凌；同样，有些被欺凌者也会随着某些因素的变化而一跃成为施暴者：一是弱肉强食如法炮制，二是把现实中受到的欺凌转而网上实施报复，由被欺凌者成为加害者。

（2）计划性与目的性。行为人实施网络欺凌往往都是有一定计划或者出于特定目的，并非放任或者偶然伤害。

（3）信息网络媒介性。网络欺凌主要发生在网络空间，这是与传统欺凌最大的不同，而网络空间中人与人之间建立联系的渠道就是信息网络媒介，这种媒介可以是点对点式的，例如电子邮件，一些社交网站的即时通信功能，手机短信等；也可以是点对面式的，比如用户将信息公开于社交网站、新浪微博、微信朋友圈等公众都能接触到的平台。

（4）时间上的持续性。网络欺凌对被害人的影响通常不是短时间的而是长时间的，这种长时间的作用可能是因为行为的不断重复，例如不断发送恶意攻击信息对被害人进行骚扰，也可能行为本身是短时间的、一次性的，但是由于信息网络的快速传播性使得有关内容短时间难以删除，因此对被害人造成影响也是长时间的。

（5）传播的超时空性。网络跨越时空的特质使网络欺凌不受时空的限制，可随时随地出现。欺凌一旦发生，其传播疆域和速度便会超越地域界限而暴露在所有网民面前。网络中的微信、人肉搜索、贴吧、微博、短信、聊天室、群等均可以成为施暴者进行谩骂、侮辱、起底、恐吓等网络欺凌的媒介。

（6）结果危害性。网络欺凌造成的最直接影响就是使他人受到精神上的伤害，例如引起被害人抑郁等。此外，网络欺凌现象中行为人与被害人虽然没有面对面的直接接触，但这种恶意行为也有可能间接造成躯体上的伤害，例如被害人因为不堪凌辱而选择自杀或者自残等。无论是造成直接的精神伤害还是造成间接的身体伤害都表明网络欺凌具有结果危害性。青少年网络欺凌的行为对象为身心尚未成熟的青少年群体，这类群体正处于人生的重要转变期，容易受到外界信息内容的干扰，因此受到的伤害可能比其他群体更加严重。

4. 表现形式

（1）行为类型。据某青少年问题研究机构对国内比较有影响力的两所中学共计 800 余名学生进行的问卷调查,中学生网络欺凌行为大致分为骂战(19.3%)、骚扰(11.9%)、改图(10.9%)、起底(10.1%)、诋毁(8.2%)、色情简信(7.1%)、开心掌掴(7.6%)、假冒(4.8%)、缠扰(6.4%)和抵制(3.7%)等十种类型,其他行为占 10%。这十种类型当中,骂战、骚扰、改图和起底等是网络欺凌的主要行为类型。

(2)攻击方式。青少年学生在网络欺凌他人时主要采取的攻击方式有微信、QQ 聊天、微博、贴吧、短信、电子邮件、空间留言、短视频、数码照片、手机通话和网站论坛等方式。在上述 11 种攻击方式中,见表 2-1,以微信、QQ 聊天、微博、贴吧、短信、短视频等交互式栏目占比最多,约占 70% 以上,特别是当前网络流行的微信和短视频占据了绝大部分。

表 2-1　网络欺凌攻击方式

方式	比例
微信	21%
微博	11%
QQ 聊天	12%
贴吧	10%
短信	9%
电子邮件	6%
空间留言	4%
短视频	13%
数码照片	2%
手机通话	7%
网站论坛	5%

(3)攻击内容。青少年学生在网上运用各种方式和手段进行欺凌攻击他人时,攻击主要内容分为四大类:一是辱骂、嘲笑或诽谤等语言暴力;二是揭露他人的隐私信息进行公布曝光;三是上传、恶搞他人的私

密照片进行"改相片（改图）"；四是上传、恶搞他人的不雅视频进行起底等。从表2-2看出，各种暴力语言攻击侮辱受害人是欺凌者采取网络攻击最主要的内容。

表2-2 网络欺凌攻击内容

内容	比例
辱骂、嘲笑或诽谤等语言暴力	36%
揭露他人的隐私信息进行公布曝光	27%
上传、恶搞他人的私密照片进行"改相（改图）"	21%
上传、恶搞他人的不雅视频进行起底	11%
其他	5%

案例

（1）在美国马萨诸塞州的一所中学，一位同学出于恶作剧心理，将同班一名男孩儿的名字和家庭住址发到了网上，并造谣声称这名男孩儿正在寻找一名男性性伴侣。此事经发布到网上，就有很多男性造访这名男孩儿家，想要成为这名男孩儿的性伴侣。此事发生，给这名男孩儿和他的家人造成了极大的困扰。

（2）加拿大魁北克省托里维埃市的一个男孩儿拉扎模仿扮演了《星球大战》的一个场景，并将此拍成了视频。他的一位校友发现了这个视屏，并将这个视频分享给了另一个同学，而这个同学抱着开玩笑的心理将此视频上传到了学校的电脑中，导致这个视频在学校范围内广为流传。后来，又出现了第三个学生，他自己创建了一个网站，并把拉扎的这个视频上传到了网站上。据这位上传的学生说，他上传的这个视频在短短一个月的时间里，已经被下载了110万次，这个视频成了名副其实的网红视频。这个视频的主人公拉扎也成了家喻户晓的网红，但这种红是伴随着嘲笑而来的。拉扎被来自全球各地的人嘲笑着，他的在校生活也开始变得苦不堪言。学校里的同学们经常在线上或者线下模仿和嘲笑他，还有一些网上的陌生人发布可怖言论，让他去死。拉扎本人也因为受到言语暴力而陷入抑郁之中，没法正常到校上课。他的父母起诉了三个肇事学生的家庭，2006年，他们达成了庭外和解。

（3）有一天下午，我正在玩一个掷骰子的游戏，在游戏快结束的时候，我登陆了一下我的脸书，发现竟然有一些对我比较负面的评论，而这些评论还是出自我球队中的队友之口。当时我没觉得这有什么事，这是大家在开玩笑，毕竟他们是我的兄弟。他们会说这句玩笑话是因为在我们打球的第二个赛季，由于我的失误，导致我们队输掉了比赛。现在我看到有人说我是拖后腿的，我的心里感觉十分难受。于是我给我的队友杰伊打了一个电话。

在电话中，杰伊说道："嘿，哥们儿，那就是个玩笑。"我真的没想到他会这么告诉我，那么我该回答什么呢？是"对我来说可不是个玩笑？"还是"是啊，确实是啊！"或者我主动承认错误说："好吧，我确实觉得有点拖后腿了，我没能打好配合。"事情的最终结局是我们也没聊出个所以然来。整个下午我都在看球赛转播，以此转移我的注意力，想要忽略我的手机和电脑消息。

就算如此，那场比赛依旧在我脑海中萦绕，挥之不去。在那场比赛中，我承认我确实犯了很多错误，我们一直在防守，结果对方不停得分。即使杰伊说那就是个玩笑，但是我肯定笑不出来。从周六到周日，再从周日到周一，我主页上的评论仍旧在继续。我强迫自己把这一件事当作一个玩笑，想要努力跟着他们一起笑，但是我发现我做不到。我的内心深处感觉受到了一万点暴击，导致我的日常生活也脱离了正轨，我变得吃不着，也睡不着，严重影响了我的学习和生活。

从外表看，我还是和从前一样，但其实我的心早已碎成了一片一片。最纠结的是，他们仍然是我的朋友。我每天中午还会跟他们一起打球，白天和他们一起上课，我们甚至还兴高采烈地讨论要不要去买几张决赛首轮的球票。

（4）我是一名新来的转学生，面对陌生的环境，我特别想有一个知心的人陪在自己身边。我们班有一个名叫吉米的男生，长得超帅，有很多女生将他当作梦中情人。有一天,吉米悄悄来到我的身边跟我说,如果我能发一张私密照片给他,那么他就做我的男朋友。当我得知这一消息的时候高兴坏了,因为吉米在这个学校是很受欢迎的公众人物,如果我能做他的女朋友,这意味着我将很快融入新学校。同时,我给他发了私密照这也就表示我很喜欢他,他能明白我的心意。当然,这个照片只能给他一个人发。

回到家中,我仔细端详着自己,有那么一瞬间,一种恐惧感涌上心头。我在做的这件事会不会是一件愚蠢的事情?他会不会将我的照片公开?但是我转念一想,吉米这个人看起来非常友善,而且对待我的态度很诚恳。也许这种方式就是他在确定我是不是他正在寻找的那个人,这种发送私密照片的形式就是我俩沟通,拉近彼此距离的一种新方式。于是我卸下了防备,将自己的上半身裸照发给了吉米,我希望他会喜欢这张照片,并且明天就能来跟我约会。

我一踏进教室,就感觉气氛有点不对劲。刚刚我在窗边刚露出头的时候,教室里的嬉笑声一下就停止了。我发现所有人都在看我,这让我很莫名其妙。在上课的时候,我回过头看吉米不下十次,但是他连一眼都没有看过我。

到底是出了什么事?我问我的同桌瓦妮莎。换来的是她的嘲笑,她说:"你做了什么你自己不知道吗?"

我回答:"我不知道你在说什么。"

瓦妮莎接着说:"我哥哥的手机收到了一张你的半裸照片。"她鄙夷地看着我。

一瞬间,我崩溃了。我没想到我曾经最信任的人居然会背叛我,他手上握有我的裸照,这个裸照可能在他的传播下已经被学校的全体师生都知道了。我到底做错了什么,让他这么对我。

这时我想起了,以前学校曾经请专人来给我们讲授网络安全的讲座,讲到隐私照片的传播。我真后悔我当时没有好好听,觉得这样的事离得自己很遥远。我自拍的时候也完全没有想到会涉及图片传播的问题。其实早在很久之前,我就听说过有些学生为了谈恋爱会发送一些私照给男友,结果造成照片的泄露。专家还说过,一旦图片开始传播,你自己就再也控制不住它会传播到哪里,最终会落到谁的手上。如果图片拍的是未成年人,还会构成犯罪。我很懊悔!为什么我当时没有先想到这些!瓦妮莎根本就不会同情我。我已经碰过钉子了。我想到吉米可能发照片给所有人,这张照片可能已经开始传播了,每个人都可能看到了。以后我还怎么见人啊!

我在路上走着,仔细回忆我做的整件蠢事!我到底为什么要轻易相信吉米!我怎么不曾想象到底会有什么样的后果!不过现在至少有一点可以被证实了,那就是吉米伪装得太好了,他并不像表面看起来那样善良真诚,他或许一开始就计划好坑骗我!难道他就不怕被抓吗?难道他做了这种事觉得自己可以置身事外吗?那些收到图片的人肯定不会举报他,那么我就要第一个站出来指证他!

我给吉米发了一条短信,告诉他我已经知道他做了什么。我语气讽刺地"感谢"了他,"感谢"他对我如此的"尊重"。我还告诉他,我打算向学校报告这件事,他传播我照片的行为是违法的。我想这大概能吓到他。

其实我也不会真的向学校报告,我只是觉得,要让吉米叫他的朋友们删照片,避免继续传播,这已经是最好的办法了。

当晚,我收到了瓦妮莎的短信:"我不知道你做了什么,但我哥哥把他能删的照片都删了。做得好,嘉莉。"

上面的几个例子都是比较典型的网络欺凌的案例,给被欺凌者带来了很大的伤害。

二、网络欺凌与传统欺凌的比较

1. 网络欺凌发生频率更高

网络欺凌和传统欺凌的发生都很普遍,但网络欺凌发生频率更高。借助社交媒体的盛行,网络欺凌逐渐演变成全球性的现象,成为日趋严重的社会问题。《预防青少年犯罪研究》杂志社联合清华大学媒介调查实验室对国内（不含港、澳、台地区）开展的一项问卷调查显示，95.4%的受访青少年表示曾经遭遇到不同形式的网络暴力。

相较于传统欺凌，网络欺凌的反复性呈现出一些新的特征。传统欺凌的反复性通过欺凌者实施欺凌行为的次数反映出来，网络欺凌的反复性则不仅如此，更表现在被欺凌者实际受到的网络欺凌次数。特别地，当网络欺凌者给被欺凌者发送大量恶意文本信息、电子邮件、图片或视频时，欺凌者的一次欺凌行为可能被他人重复实施。比如，使被欺凌者备受骚扰的图片经他人多次下载或转发，这些欺凌内容很难在网络上彻底清除，在越来越广泛的范围内不断被传播，知晓的人越来越多，进而使被欺凌者感到反复遭受欺凌，延长了网络欺凌的持续时间。由此看到，这种反复的网络欺凌行为并不一定是由欺凌者实施，也可能由他人实施，而欺凌者本人只是肇事者，仅实施过一次欺凌行为。而网络欺凌者本人行为的反复性可能没有在传统欺凌行为中那样重要。

2. 网络欺凌发生的时空范围更加广泛

传统欺凌通常发生在现实的物理空间中和有限的时间节点上，比如上学、放学过程中、教室、操场、无人的地方或不易被发现的角落，知晓的人十分有限，具有隐秘性。网络欺凌则发生于虚拟的网络空间，大大拓展了传统欺凌的发生场域和时间节点。换言之，网络欺凌几乎不受现实物理空间和时间节点的限制，唯一的条件是，只要拥有网络。随着互联网越来越普及和便捷，特别是将互联网移植于最普遍的移动通信设备之中，网络欺凌行为几乎随时随地可以发生，被欺凌者在任何时间任何地点都可能会接收到具有侮辱性或令人尴尬的文本或图片。

3. 网络欺凌形式更加多样化

传统欺凌主要通过语言和肢体的行为来面对面实施，而网络欺凌发生于以身体不在场为本质特征的网络空间，无法面对面实施肢体上的攻击。相较于传统欺凌，网络欺凌的形式更加多样化。

按照传播媒介不同，网络欺凌分为七种：手机电话欺凌、文本信息欺凌、电子邮件欺凌、图片/照片/视频欺凌、即时信息欺凌、网站欺凌和聊天室欺凌，其中，前四种是主要的网络欺凌类型，而文本信息欺凌和电子邮件欺凌最为普遍。

按照发生的表现方式来划分，网络欺凌可以分为七种：情绪失控、网络骚扰、网络盯梢、网络诋毁、网络伪装身份、披露隐私和在线孤立。

4. 网络欺凌随着年龄的增长逐渐增多

通常，不同年龄段的青少年会表现出不同的欺凌行为。随着欺凌者和被欺凌者年龄的增长，传统欺凌的形式往往会出现不同的变化，逐渐转变为间接欺凌为主，直接面对面欺凌为次，传统欺凌发生次数在减少，频率也在降低。

与传统欺凌相反，网络欺凌会随着年龄的增长逐渐增多。随着年龄的增长，欺凌者掌握的网络技术越来越娴熟，其实施网络欺凌的行为会变得更加容易，次数会增多，频率会提高。也就是说，网络欺凌随着青少年年龄的增长有逐渐增长的趋势，年龄较大的比年龄较小的青少年更容易实施网络欺凌行为。然而，也有研究表明，初中生随着年级的增长，网络欺凌事件的发生率呈下降趋势，主要由于被访者将更多精力运用于紧张的学习所致。

5. 网络欺凌中性别差异多样化

传统欺凌和网络欺凌的行为在性别上具有一定差异。传统欺凌中，从发生频率来看，女孩儿很少出现欺凌他人的行为，更多地发生在男孩儿中；从欺凌形式来看，男孩儿更倾向于通过暴力实施欺凌行为，女孩儿更倾向于运用言语或者关系等方式实施欺凌行为，例如排斥、诋毁、孤立等。也就是说，男孩儿容易实施身体欺凌，女孩儿则会选择实施言语欺凌和关系欺凌。

在网络欺凌中，从发生频率来看，研究者的发现不尽相同：土耳其研究者发现，无论是网络欺凌还是传统欺凌，男生的涉入都多于女生；加拿大研究者指出，大约60%的网络被欺凌者是女性，而超过52%网络欺凌者为男生。中国学者发现，初中生在网络欺凌/被欺凌这一角色上男生多于女生。从欺凌形式来看,女孩儿更倾向于文本信息、图片视频等实施网络欺凌行为,男孩则更倾向于实施一定区域内的网页信息欺凌。相较之下,性别差异在传统欺凌行为中的表现更为明显,网络欺凌是一种间接欺凌,不仅男孩儿,女孩儿也倾向于实施/受到网络欺凌,因而在网络欺凌行为中性别差异并不显著。

三、网络欺凌现状

随着互联网应用的大众化,青少年网络欺凌行为问题频发,未成年学生已经成为网络欺凌的最大受害者。据联合国教科文组织最新发布的报告称,全世界每年有将近2.46亿儿童和青少年遭受欺凌。

1. 国外青少年网络欺凌行为尤为突出

英国全国防止虐待儿童学会对全国近千名11—16岁中学生进行抽样调查发现,其中每5个孩子里就有一个孩子曾遭受过网络欺凌。美国青少年网络欺凌现象更为严重,据美国一家权威研究青少年的机构认为,全美国约1/4的中小学生遭受过网络欺凌,约1/6的中小学生欺凌过他人,而网络欺凌导致青少年学生自杀的现象在美国也极为普遍。韩国和日本发生青少年网络欺凌的现象也比比皆是。韩国一名女学生因在火车上拒绝清理狗便的照片被发布到网上,不堪人肉搜索骚扰,最后全家被迫搬离繁华的居住地。日本一名14岁的女学生因受不了曾经的同学、好朋友在网络上不断地说她一些不堪入耳的坏话最终上吊自杀。

2. 我国青少年网络欺凌现象日益凸显

近年来,随着我国社会的快速发展,中国网民数量和青少年网民数量都在急剧上升。据国家互联网信息中心报告显示,截至2017年12月,我国网民规模达7.72亿,网民年龄结构宽泛。图2-1可见,其中10—19岁网民占19.4%,20—29岁网民占29.7%。以中国网民7.72亿来计算,10—29岁的青少年网民数达3.79亿。青少年网民的不断增长、网上活跃程度的迅猛发展,促使网络欺凌现象在我国呈快速攀升趋势。

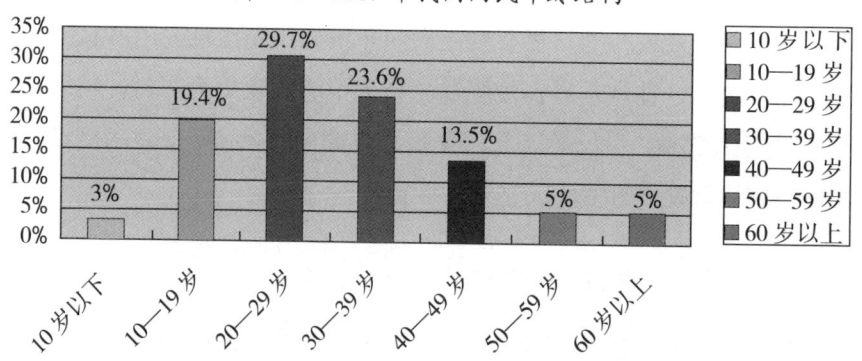

图 2-1　2017 年我国网民年龄结构

3. 中学生校园网络欺凌行为尤为突出

据某调查机构不完全统计，2016年，我国发生中小学生校园网络欺凌事件约25起；2017年，发生中小学生校园网络欺凌事件约31起，同比上升了24%；而2018年截至5月31日，通过"百度"等搜索发现，仅网上媒体报道的我国涉及校园网络欺凌事件多达19起，与去年同期相比增长了96%。由此可见，2018年前5个月我国青少年学生网络欺凌现象较以往有明显增长。

四、网络欺凌形成的原因

1. 心理畸形

由于青少年的心理、情感不成熟，大多处于感情懵懂期，加之社会贫富悬殊的不断增大和仇富心理放大，导致一些青少年心理发生严重畸形和扭曲，他们无法准确预期网络欺凌行为带来的严重后果。此外，青少年透过网络无法直接接触对方，觉得网络欺凌是"欺负别人的游戏"好玩、刺激。有的未成年人处于从家庭转向社会群体的初级阶段，心理上十分渴望得到同伴的认同，藉着网络欺凌他人的行为来炫耀自己。有一部分欺凌者认为，网络社交的吸引力使得他们通过使用互联网和智能通信工具而变得有较强的侵犯性，自我感觉网络欺凌很有"面子"。更有甚者是因为长期受到家庭、社会、学校的压抑，试图用网络欺凌来控制他人达到解压、释放自己的目的。也有欺凌者与那些学习好、长得漂亮的人相比后自尊心受到严重打击，长时间的消极、愤怒心境导致人格发生扭曲，形成了一种变态的人格障碍。这些畸形的心理因素汇集在一起促成了网络欺凌现象的不断发生。

2. 教育缺位

（1）家庭教育缺失。父母双方在家庭教育中一方或者双方缺位，没有给孩子以良好的教育陪伴和积极引导，在这方面单亲家庭和外出务工留守孩子家庭尤为明显。有的父母不了解家庭教育的重要性，在孩子的成长过程中，只关注孩子的物质需要和学习成绩好坏等层面的东西，对孩子的精神、人格、品行等层面没有给予重视。有的家长总认为教育是学校老师的事情，推卸自己的教育责任。还有的家庭暴力不断，孩子在耳濡目染中认为没有暴力行为解决不了的问题。

（2）学校教育不力。调查发现，多数学校对学生的网络安全教育引导不力，法制教育淡薄，如何针对青少年的心理特点和网上活动规律，有针对性地进行上网行为规范教育不到位，网络欺凌行为的规范性条款和处置应对措施更是少见，导致很多中小学生对网络欺凌行为的严重危害性认识不足，认为欺凌别人是件小事情，对网络欺凌行为抱着一种无所谓的心态。

（3）管理部门失察。教育主管部门缺乏一套完整的学校网络安全教育模式，网络安全管理机构不健全，网络安全教育岗位职责不明确，没有与学校、老师的资源、薪金形成挂钩。发生网络欺凌事件协调不到位，对学校建立的安全预警机制监督检查不力，督促中小学安全教育、安全风险预防工作没有落到实处。

3. 监管乏力

（1）家庭监管不严厉。由于网络欺凌行为一般都发生在校园以外，有的家长对孩子上不上学、几点钟上学和放学不闻不问，造成孩子有足够在校外逗留的空间，不经意埋藏着网络欺凌的隐患。有的家长对子女缺少关爱，不主动去了解孩子的校园生活和交友情况，对孩子在家里的上网动态、上网时间从不过问和掌握，甚至对孩子的反常情绪也不屑一顾；而孩子更把网上行为视为个人隐私，不让家长知道，导致家庭监管不力。

（2）学校监管不到位。学校基本是以教育的法律法规来保护校园安全，还没有细化到与"中小学生网络欺凌行为"相关的校园安全管理义务责任上来。一些学生受不准迟到和外出请假等校规束缚，自我个性被约束和压制，他们寻找学校监管上的漏洞，通过网络这类方式发泄，根本不顾及是非善恶。而学校针对出现的校园欺凌和网络欺凌行为也拿不出有效的应对措施。

（3）网站监管不给力。网络服务提供商主社会责任感缺失，应对蜂拥而至的青少年网民安全措施严重不足，各种备案、实名登录把关不严，欺凌者在网络空间只要匿名登录，便能以多重身份轻而易举地对他人实施欺凌攻击。网站企业对中小学生在各种社交栏目发布的攻击、谩骂、侮辱等暴力语言的有害信息不过滤、不删除、不封堵，放纵欺凌的内容在互联网上传播扩散，导致更多的网民从众加入到欺凌的行列．恶意攻击、谩骂的跟帖或留言越多，就更难追究躲在网络背后实施欺凌的"网霸"的法律责任。与现实校园欺凌相比，网络为欺凌者提供了更具隐蔽性的平台。

4. 惩处不严

针对出现的青少年网络欺凌事件，政府、学校等相关部门没有结合职能职责做好教育惩戒工作。多数学校对实施网络欺凌的学生基本都是批评、教育、找当事双方谈心和道歉了事，对情节恶劣、造成明显心理伤害的严重欺凌事件，没有请公安机关参与警示教育和对实施欺凌者进行训诫。虽然事实上依法可认定网络暴力违法，但是，事发地政府、学校基本是以扑灭网上舆情为主，而欺凌者也不把自己的行为视为违法。由于相关的法律法规不健全，特别是对尚不构成刑事犯罪的青少年网络欺凌行为预防乏力、惩处无方，一定程度上也助长了青少年网络欺凌行为的蔓延。

5. 规制缺失

2017年12月28日，教育部等11部委制定了《加强中小学生欺凌综合治理方案》，为学校如何防治网络欺凌提供了依据与标准，但是与专项立法的结构和涵盖内容相比仍不够完备，且法律效力位阶较低。我国法律法规均未提及"青少年网络欺凌"一词，司法保护制度严重滞后。在信息化快速发展的今天，网络欺凌行为规制的立法远远落后于网络的发展，导致难以对网络欺凌者形成有效威慑，欺凌者预见不到自己的行为可能带来的制裁，对实施网络欺凌行为更加肆无忌惮。

6. 手机盛行

我国网民目前已达 7.72 亿，其中手机网民高达 97.5%，这当中青少年学生手机网民占比也较大。手机在方便学生与家长联系、沟通的同时，也为他们上网提供了便利，让欺凌者往往可用匿名方式，更快速地传播信息，而且能够不限时间和地点攻击受害者。智能手机的实时性导致网络欺凌现象与日俱增，由于网络社交平台对匿名发布的监管不力，且信息发出之后可以随即删除，更成为青少年实施网络欺凌的工具。

五、网络欺凌行为带来的危害

1. 危害青少年心理健康

网络欺凌的受害者经常饱受着精神和肉体病痛的折磨，时常出现暴躁、恐慌、焦虑、噩梦、失眠、抑郁等症状，并伴有情绪失控、精神恍惚、注意力不集中的现象，更有信心丧失，性格孤僻，行为出现障碍等，他们很难与周围同学、老师甚至家人相处，产生害怕上学的心理。这些情绪上的负面影响可进一步导致青少年的抑郁、自尊下降、无助感、社交焦虑和自我存在感降低。如果任由其发展，最终长期被欺凌的青少年将会产生自杀意念，造成严重后果。有受欺凌者发生逆向变化，由欺凌的受害者转化为欺凌者和欺凌他人的帮凶。青少年网络欺凌行为造成的心理创伤带来的痛苦远远大于现实生活中的欺凌行为。如果欺凌者的网络攻击行为得不到及时纠正，导致其性格畸形、人格扭曲，易走上违法犯罪的道路。

2. 影响青少年学生学业

网络欺凌行为与学生的缺课和学习成绩下降有极大的关系。经常受到网络欺凌暴力侵害的学生整天生活在暴力阴影中，都会出现严重的缺课、逃学现象，学习成绩直线下降。更有一些受欺凌的学生，由于受到严重伤害不得不住院进行治疗或者休学养病，正常的学业被迫中断。而欺凌者学习成绩也不会太好，更多欺凌者整天沉迷于网络，厌恶学习，不求上进。

3. 诱发青少年自杀行为

自杀是网络欺凌行为带来最令人震惊的严重后果。2013年，一名14岁的女孩儿在拉脱维亚社交网站上表达自己受到抑郁的困扰，反而遭到网络欺凌者的长期谩骂、侮辱，最终精神崩溃，选择了上吊自杀。2018年5月31日，此前在海南选择自杀被警方解救的北京女网友"菲妥妥—穆修修"一家三口，在回京途中再次选择了自杀，其中女网友和父亲身亡，母亲受伤。女孩选择再次自杀究其原因与其被救后遭遇到的"网络欺凌"有关。不少网友则在网上质疑女孩和家人的自杀动机，称其自杀行为是作秀博人眼球，还有网民在网上搜出她与父母出国旅游过，认为她们是故意不还钱。此时网上谩骂、侮辱的暴力语言不断出现，有的网民还人肉搜索女孩及家人的工作单位，个人联系方式等。让女孩及其父母不胜其扰，最终再次选择走上了不归路。

4. 给家庭带来巨大伤害

网络欺凌行为无论是欺凌者还是被欺凌者都会给原本幸福的家庭带来极大的伤害。欺凌事件的发生，严重影响各自父母工作和事业，轻者导致双方家庭出现矛盾纠纷，甚至大打出手，重者闹得家破人亡，妻离子散，甚至触犯法律法规受到处罚。

六、预防网络欺凌的建议

1. 借鉴国外经验，整合多种资源

美国主要通过制定法律，依法规制。美国最早的一部针对青少年网络欺凌的法律，是2008年颁布的《梅根·梅尔网络欺凌预防法》，对网络欺凌进行了界定，并对《美国联邦法典》第41章进行修订，规定实施网络欺凌适用刑法上的骚扰罪，被告将处以罚金，或判处两年以下有期徒刑，或两者并处。这部法律的制定源于13岁的少女梅根无法忍受来自网络上的谩骂而自杀身亡，但是凶手却因为没有相关法律对网络欺凌事件进行判定未能受到制裁。自此，网络欺凌引起美国社会各界的关注，除了国家层面制定的法律外，各州也有自己的法律，并且学校也都有相关的政策。美国通过制定法律和规章，明确包括施害者、学校、网络服务提供商等各方的责任，规避和制裁青少年网络欺凌。

欧洲国家对于青少年网络欺凌问题采取合作研究的方式，2006年，建立了名为欧盟儿童在线的国际研究网络组织，目前有33个欧盟国家参与，其目的在于协调并激发关于儿童使用新媒体方式的调查。此外，欧盟还有一个由35个国家共同参与实施的"COST计划"（European Cooperationin Scienceand Technology），其中也包括了积极应对网络欺凌问题的合作内容。

澳大利亚通过加强儿童网络安全监管，预防青少年网络欺凌。建立了包括儿童网络安全专员办公室、传播和媒体管理局等监管机构，并于2000年加入互联网热线国际协会，该协会目前已经有覆盖45个国家的51条互联网热线，是可以快速移除网络上关于儿童性虐待材料的国际机制。

通过对国外发达国家关于预防青少年网络欺凌对策的分析可以看出，这一问题的解决需要整合各种资源，包括研究成果、理论共识、舆论引导、制度规范等。往往是以社会关注为开端，通过大量的学术研究、社会调查，对青少年网络欺凌进行界定并提出可行的预防策略，而后，再实施出台相关政策或法律法规，学校制定措施并加强教育等手段，以实现对网络欺凌问题的预防。

2.制定互联网行为准则

制定互联网行为准则，即恰当使用互联网的规则和指南。在网络环境下往往缺乏提示，当青少年处于一个潜在的有冲突的社会环境下，同时又认为攻击行为是可接受时，往往不能克制自己而出现欺凌行为。围绕改变网络欺凌的合法性和可接受性制定的互联网行为准则可以通过明确禁止和建立更加适用的网络规范来减少网络欺凌行为。建立网络规范能够更好地规范青少年个人和网络社区的行为。

3. 提升青少年的网络素养

在信息网络环境下,青少年需要充分构建自己的学习网络社区,更好地提升自身素质和能力,实现"赋权+赋能"的最佳有机结合。特别是针对女性青少年的网络信息搜索、分析与评判水平较低,男性青少年网络信息管理能力和自我控制能力不强等因素,切实提高其网络安全意识和自身防御能力,加强网上言行的自我约束,要真正做到文明上网,冷静、理智地分析收到的各种网络信息,当遇到与自己不同见解的人进行讨论时,要冷静细致思考,不过激、偏激,更不要用恶毒的语言激怒对方,要多从对方角度去考虑。避免成为网络欺凌的始作者。青少年网民在上网时,要注意隐私的设置,设置朋友权限,防止个人信息泄露,一旦遭到网络欺凌时,能及时屏蔽作恶者或删除恶意的信息;受害者切忌进行反报复,不仅不能彻底解决问题,反而会使欺凌事件升级,变得越来越复杂化。因此,青少年特别是学生在受到欺凌后,应主动把欺凌事件告诉自己的同学、朋友、家长和老师,以此减轻内心的压抑和无助。

4. 增强监护人的监督职责

学校和家庭要承担青少年掌握网络安全常识的职责。学校在教学中要安排网络安全知识教育课程,增强青少年学生网络安全意识,提高他们防范网络安全的技能,引导其避开易遭受网络欺凌的网站、社交论坛等网络场所,提醒他们如遇到网络欺凌行为时,应及时告知家长或者老师,寻求帮助,切不可自行盲目处理。作为第一监护人的父母必须认识到不能因为网络欺凌乱象而因噎废食,要积极主动与子女沟通,帮助他们化解内心的不良情绪,鼓励子女打破沉默,勇敢地举报网络欺凌施暴者。

5. 明确网络媒体主体责任

网站管理者、经营者和网络新媒体企业要加强信息内容审核过滤,严格遵守未成年人保护法权的规定要求,严格落实先审后发的管理规定,对青少年学生可能遭受的不良信息进行排查,不得转载传播有关"网络欺凌"的相关信息内容。要针对青少年上网特点,在网站、微博、微信、贴吧等设置网络欺凌行为的关键词对信息进行屏蔽过滤,做到提前触发预警,发现网络欺凌辱骂等暴力语言,要及时拦截和删除,对蓄意发布传播欺凌信息的用户要关停账户,并积极向网络管理部门举报。除网站、社交平台外,网络新媒体更要严格管控对涉网络欺凌事件的报道宣传,防止传媒误导作用,尽量减少受众的消极心理暗示和可效仿的行为,杜绝网络欺凌事件接二连三地发生。

6. 强化安全教育

学校和家庭要切实肩负起对未成年人网络安全的教育责任,做到防患于未然。一要加强青少年的心理健康教育。通过具有实效性的心理健康教育,不断提高青少年的心理防范能力和应对网络负面影响的能力,强化青少年理性处置负面情绪的方式方法,培养人与人之间良好的沟通能力和正确解决同学之间矛盾与冲突的应变能力,教育青少年学生要正确客观评价他人,切忌搬弄是非。通过一系列心理素质的提升,使广大青少年具有良好的高尚情操和优秀的道德品质,培养青少年学生"慎独"的自律意识,提升道德修养,注重品行操守,达到人生风范的最高境界,从根本上减少网络欺凌行为的发生。二要加强青少年学生的网络素养教育。学校和家长要教育青少年正确掌握网上生活的基本行为、基本认识和基本规律,养成良好的上网习惯。要积极开展行之有效的青少年网络素养教育,注重教育方式的开拓创新、灵活多变、高效实用,可采取走出去、请进来的办法,参加各种网络公益宣传活动,参观互联网新媒体企业,请网络专家、德育专家讲课等,也可采取网络情景剧、角色扮演、头脑风暴等网络心理剧的模仿秀、大讨论活动,对网络欺凌行为进行换位思考,让青少年学生通过生动活泼的方式,去感知网络欺凌行为给他人带来的巨大伤害和严重后果。三要不断增强青少年学生的法律意识。让青少年学生知道,网络欺凌现象对他人造成的精神伤害是无法挽回的,其行为已经构成了侵犯他人信息、名誉等罪,恶意中伤、诽谤、严重的人身攻击等导致他人精神失常或者生命丧失的严重行为,必须要承担法律责任的。因此,加强青少年学生法律法规教育,强化青少年学生的法律责任意识迫在眉睫。

7.健全网络欺凌法律法规

健全法律法规的目的不在于惩罚本身,而在于威慑大众。因此,完善未成年人保护和法律追究制度,对于网络欺凌的暴力行为构成犯罪的,司法机关要依据案件性质、行为人的因果关系和危害程度等等因素,依照相关的法律法规来认定网络欺凌行为是否构成犯罪。对在校学生发生严重网络暴力欺凌行为涉嫌犯罪的,尤其是性质和情节特别恶劣、手段残忍、造成严重后果的,要在法律法规中明确严格依法予以惩处,决不姑息迁就。因校外社会闲散人员组织、胁迫、引诱未成年学生实施网络欺凌行为的更要从重处罚。各级机关工委和司法部门要加强与学校协同合作与配合,加强对学生进行法律法规宣传引导,实时进行调查研究,制定切实可行的有利于保护青少年权利的法律规定。学校要加强对实施网络欺凌行为的学生依法依规采取适当的矫治和教育惩戒,在批评教育的基础上建议增设社会服务令,对既触犯法律法规,又不符合起诉条件的未成年人学生,可强制交由公益性机构从事无薪工作并给予感化教育,以期达到治病救人的最佳效果。更要进一步完善工读学校制度,对触犯法律法规的学生既可以送工读学校,也可以在原校保留一定的预备期继续学习,预备期满再对学生的表现行为进行考核审查,由学校决定是否再进入工读学校进行改造教育。各级政府机关、学校和社会组织要做到对青少年真情关爱、真诚帮助,力促学生内心感化、行为转化,真正成为德、智、体、学全面发展的优异少年。各级立法机关要加强对青少年网络欺凌行为这一新兴事物进行调研论证,对已有的《未成年人保护法》酌情进行修改,可设立青少年网络欺凌行为专门章节,针对网络欺凌行为可能对未成年人产生不良影响和行为后果做出法律上的约束,确保青少年特别是中小学生遭受网络欺凌时有法可依,一旦遭遇到网络欺凌可以运用法律武器来保护自己。

互联网和社交媒体专用词汇

博客:"网络日志"的缩写,是一种经常更新且面向公众的在线日志。有些孩子有两个或更多的博客,一个"好的",其他"不好的""险恶的"

或"具有煽动性的"。有些孩子用这些博客来伤害同伴的声誉，侵犯他们的隐私，或威胁他们。一些孩子设置博客来假装成为欺凌者，并通过言语侮辱他人。

好友列表：朋友网络名的列表，用户可以通过即时通信工具或电子邮件联络朋友。

聊天室：虚拟聊天室，在这里朋友可以通过打字进行对话聊天。

DSO：危险的在线陌生人。色情狂，儿童色情文学家，憎恨群体招募者，恐怖主义组织者，以及其他不关心年轻人健康的人在各种网络社区游荡，具有操纵易受伤害的孩子们的技巧。

分享文件：点对点技术，可以让孩子们直接从他人电脑里搜索并拷贝文件，比如数码音乐文件。

点子炸弹：发送电子邮件炸弹或者短信炸弹，旨在挑起事端或激怒被欺凌对象。

ICT：信息和通信技术。

ISP：互联网服务提供商。

即时通讯：用户可以在他们的好友列表中看到哪个朋友在线，并即时向他们发送讯息和图片。

互联网游戏：在游戏设备上或手机、电脑和平板电脑上玩游戏，并允许来自世界各地的玩家通过网络一起玩。

网络投票：通过互联网对孩子排名进行投票。

留言板：在线虚拟空间，允许人们就共同关心的话题进行"聊天"。

代理欺凌：用帮凶传播被欺凌对象的谣言或有害、伤害性或仇恨的信息。

社交网站：通过网络连接起来的兴趣相投的朋友网。

SN：网名。

垃圾：垃圾邮件。

短信：用手机键盘输入短信息，并可以立即发送给其他手机用户。

网络臭虫：向被欺凌者的电脑发送病毒／间谍软件／黑客程序或木

马程序。旨在破坏其电脑、擦写其硬盘或控制其电脑。

网络日志：在线日志，个人的，面向公众且永久性的——肯定不是私密的。

广告软件：通常通过从用户的电脑中收集信息（比如该人在线做什么以及访问什么网站）向用户定向推送广告内容的软件。

安卓：谷歌设计的手机移动操作系统。

应用（App）：通常下载到移动设备上的特殊计算机程序。

人肉：互联网用户挖掘出其他用户真实身份的过程，即使被人肉的用户一直都匿名发帖。

私信：直接消息，由一位推特用户直接发送给另外一位推特用户的私人信息。两位用户需要相互关注才能发送私信。

定位：用雷达、电脑或移动设备通过互联网确定一件事物在真实世界的地理位置。

黑客：修改计算机程序或某个电子设备的操作系统来实现某些原设计者或生产商无意实现的功能。

IP地址：用来显示连接互联网的电脑位置的唯一地址。

赞：社交网站的一项功能，可以允许用户赞赏其他用户或其发布的内容。

照片共享：通过短信、邮件、程序传递或通过在社交网络或相片分享网站发布，使得其他用户可以看到你的照片或视频内容。

分享：在社交媒体上发布内容，通常可以被其他人看到。

病毒：可以自我复制的一种恶意电脑编码。

◆ 第三章

中美校园欺凌防治的比较

中美两国事实上都存在着严峻的校园欺凌问题，除了校园欺凌本身的一般属性外，每个国家的欺凌现象都呈现出不同个性特点。美国校园欺凌的存在和发展与枪支、刀械滥用等其他校园问题相关联，同时与种族、多元文化之间有复杂的联系。中国的校园欺凌则呈现出隐蔽性，与其他教育问题交互，与网络载体密切联系等特点。中美两国对校园欺凌防治体系差别巨大，在此客观分析两者的具体差异，对于我国建立校园欺凌防治体系具有重要现实意义。

第一节　中美校园欺凌现象比较

一、美国校园欺凌现象概观

美国校园欺凌情况是非常严重的，不仅有臭名昭著的系列校园枪杀案件，也存在普遍的其他形式的校园欺凌。美国不同形式的研究调查结果都指明存在相当比率的欺凌发生率，这些数据从20%到50%不等。美国犯罪调查校园犯罪科以2—18岁全国学生为总体进行的抽样调查显示，2013年约有22%的学生声称在校期间受到校园欺凌，而这一指数已经为历年最低。比如，2005、2009/2011年校园欺凌发生率为28%，2007年则更是一度达到32%。

当今，美国的校园欺凌问题仍然是普遍而严峻的，但由于美国一系列反校园欺凌措施以及各方的积极干预，美国的校园欺凌报告率总体上具有明显的下降趋势。而其中也要注意校园欺凌干预方案是鼓励学生向教师家长报告和求助的，所以一定的报告率上升也是由于学生对方案的积极反馈，考虑到这一点，美国的校园欺凌防治措施的效果可能比数据显示的更突出。

（一）美国校园欺凌具有普遍性

2009年，Craig利用奥维斯欺凌问卷对40个国家的11—15岁学生进行了大范围抽样调查，结果显示26%青少年卷入了校园欺凌（10.7%欺凌者，12.6%受欺者，3.6%欺凌/被欺者）。在此次调查中，美国有22.2%的男生和16.6%的男生报告经常卷入欺凌。2013年12—18岁学生在校受欺凌报告率为23%。除了政府全国性统计的数据外，某些学者的局部调查研究得出的研究结果说明，三分之一到二分之一的学生都报告卷入校园欺凌。

校园欺凌现象覆盖年龄广，初中学生报告每日或每周至少一次的比率为39%，远远高于高中学生的20%。总的趋势是从小学三年级开始，初中最为严重，到高中开始下降。

性别上，男女学生均有卷入校园欺凌。被欺凌女生多于被欺凌男生，而男生经历更多的身体欺凌，欺凌者中男生多于女生。除了直接卷入校园欺凌的学生，还有更多的学生作为旁观者也受到很多影响，一个调查显示参与社交沟通训练的五年级学生中24%是因为在校强烈的不安全感。

另外值得注意的是，美国公立学校的校园欺凌发生率显著高于宗教私立学校和非宗教私立学校。2000年美国学校犯罪与安全研究（SSOCS）发现，1999年至2000年，大多数学校只发生过一起暴力事件，而小部分学校发生了大量的暴力事件。其中7%的学校（5400所）犯有50%（735000起）的暴力事件，18%的学校（14800所）犯有75%（1090000起）的暴力。大多数校园暴力发生在城市学校，而城市郊区的学校发生暴力的可能性最低。因为私立学校与郊区学校条件更好，有更为严格的管理和规定。

（二）欺凌问题与其他校园问题交互、极端案例频发

由于美国个人持枪的合法性使得青少年更易接触枪支，美国宪法修正案第二条规定公民享有持有武器的权利，"管理良好的民兵是保障自由州的安全所必需的，人民持有和携带武器的权利不容侵犯"，认为人民持枪是随时推翻暴政的保证。尽管在2012年，康涅狄格州的校园枪击案导致了20名儿童在内的26人死亡后，美国前总统奥巴马签署了23项

行政法令，推出了一系列监管措施，但是由于拥有400多万会员的步枪协会的阻拦，以及政治信仰等历史原因不能真正实行禁枪。

根据美国《赫芬顿邮报》统计的数据显示，自2012年美国康涅狄格校园枪击案以来，已经发生了142起校园枪击案，接近平均每周一起。2015年，截止到10月1日，当年已经发生了45起校园枪击案，其中9月就发生了3起大学及4起中小学的枪击案。一系列校园枪击案引起国内甚至国际的关注。而这些令人痛心的案件中的枪手，多有被长期欺凌的经历。根据理查德·詹瑟的问题行为模型，如果年轻人有发生某一种问题行为的风险，那么他同样就有发生其他问题行为的风险，美国的校园欺凌卷入者通常也存在其他形式的行为问题。另外，酒精与毒品在社会上的泛滥也使得青少年学生容易接触这些物质，在一项调查中，63%的学生表示能够得到毒品，68%的学生表示能够得到酒精。而这些问题与校园欺凌问题总是同时存在，相互影响，这也是美国校园欺凌问题的复杂性所在。

（三）校园欺凌与美国的多元文化

在美国有大量来自他国的移民，有不同的民族、宗教。虽然美国是巨大的文化熔炉，但不同民族宗教的子女后代在校学习期间，不可避免遇到一些文化的碰撞，这也使得美国校园欺凌情况更复杂。教育部每年对校园欺凌报告和处理的统计和公布中就分别对不同民族进行了分类列举。根据美国教育部对2011—2012年的统计，美国白人占在校人数的51.7%，而美国白人在被欺凌报告数据中则占有65%的比率，也就是说，48.3%的其他种族学生占受欺凌者的34%。41%的青少年曾报告受到同伴针对种族的侮辱、谩骂和孤立。但是简单的量化的数据并不能全面地反映这些差异，种族差异是校园欺凌的原因之一，同时种族差异也可能是欺凌他人的原因。

美国校园欺凌在种族间和种族内均有发生，但并不总是占有主流地位的种族就会成为欺凌者，反之，也不是非主流地位的种族就会成为受欺者。研究发现，就读于非白人学校的白人学生被欺凌的比率远远高于就读于白人学校的白人学生，非裔学生在主要是非裔美国人的学校较在主要是其他美国人的学校更容易受到欺凌。因此，种族差异引起的校园欺凌比率取决于该学校占绝对数量优势的种族。

二、中国校园欺凌现象管窥

我国对校园欺凌的关注和研究还处于初级阶段，但是不同规模不同学者的研究都指出我国的校园欺凌现状堪忧。根据张文新对山东河北的抽样调查，22.2%的小学生有时或更频繁地受到欺凌，而初中生的这一比率为12.4%，13.4%的小学生表示受到每周一次及以上的欺凌，而初中生这一比为7∶1；欺凌者的比率分别为小学10.4%、初中2.1%。总体来说，我国的校园欺凌问题也是十分严重的。根据张文新及其他学者的调查，都显示小学阶段的欺凌现象比初中阶段更多，校园欺凌报告率随着年龄的增长而减少。男生卷入校园欺凌的人数多于女生，男生更多采用身体欺凌，女生采用更多的间接欺凌，包括语言欺凌与关系欺凌。农村的校园欺凌情况较城市校园欺凌情况更为严峻。而我国的校园欺凌不仅普遍存在，而且还有极强的隐蔽性、复杂的城乡差异以及与网络欺凌密切相关等特点。

（一）我国的校园欺凌具有普遍性

根据我国现有研究，校园欺凌的确是相当普遍的现象，根据张文新的调查，中国约有五分之一的中小学生卷入欺凌问题，这也是校园欺凌具有跨文化的普遍性的证明。同样，来自其他省份地区、学校类别的校园欺凌调查都显示欺凌发生的频率较高。也有针对农村中小学的欺凌情况的调查中显示小学阶段被欺凌者与欺凌者的比率分别为27.8%和8.4%，其中频繁地被欺凌的学生占5.7%。初中阶段的欺凌者与被欺凌者的比率分别为16.6%和3.7%。2004年马晓丽对贵阳市中小学的抽样调查中显示，有28%的小学生和16.1%的中学生频繁地被欺凌，20.6%的小学生与17.5%的中学生频繁地欺凌他人，这也是应该引起重视的数据。

除了相关学者和专家关于校园欺凌调查的规范规模的研究数据外，媒体和网络曝光的校园欺凌也不在少数，网易《热观察》统计了2014—

2015年媒体曝光的校园欺凌或者暴力事件,共43起,根据本文的不完全统计,2015年6月到7月,媒体网络曝光的校园欺凌案件多达14起。而且由于媒体和网络吸引关注的特点,这些被曝光的校园欺凌又通常是性质较为严重的案例,对社会的影响和危害极大,而有更多的校园欺凌处在不被重视、不被发现、不被干预的境地中。

无论是一线城市还是落后乡村,无论是重点学校还是一般学校,校园欺凌这个毒瘤都不同程度地危害着在校学生的成长与发展。张文新等人的调查都显示,受欺凌现象总体上随着年龄的增加而呈现下降趋势,但在初中阶段欺凌他人的情况比较稳定。在对校园欺凌的态度上,女生整体较男生更积极更有同情心,受到欺凌与没卷入欺凌的学生比欺凌者更积极。校园欺凌方式更多为直接语言欺凌,身体欺凌与关系欺凌相对较少。性别差异上则体现为男生更容易欺凌他人,在初中阶段较女生也更容易被欺凌。而在小学阶段男女生卷入欺凌的情况并无显著差异。欺凌通常发生在教室、操场、厕所、上下学途中。另外,访谈中发现,寄宿制学校中寝室也是校园欺凌发生的一个主要场所。

(二)校园欺凌存在严重的隐蔽性

隐蔽性是校园欺凌本身一个显著的属性,是指校园欺凌事件常常不被发现,实际发生频次远大于被发现的校园欺凌,这里通常指的是不被学生以外的群体发现,包括学校教职员工、监护人或其他社会人。隐蔽性本是校园欺凌自带的属性特质,但是在中国的隐蔽性的特点更显著。

由于中国文化与社会规则都不赞成攻击性行为,校园欺凌通常被刻意安排在监管薄弱的时空,这直接使得校园欺凌的发生更隐蔽,不易被察觉。另外,知情者的隐瞒更常见,首先欺凌者会向外隐瞒欺凌事实,避免受到指责和惩罚,而受欺者也迫于威胁或保护自尊等原因帮助掩盖,纵然有旁观者,也受群体内文化的影响,对一般性欺凌事件不予报告,不愿做卑鄙的告密者。甚至在一定的条件下,对于某些他们认为"罪有应得"的受欺凌者,他们会给予打击或表现冷漠。

近期在网络中发现的多例欺凌事件中，多为已经多次重复的欺凌行为，家长和教师也是在视频和网络曝光后才得知真相。永新案件中女孩儿被同学殴打之后回家，其伯父也没有察觉异常。同样，对于有可能抹黑学校名声的恶性欺凌事件，也很有可能受到学校方面的刻意隐瞒和低调处理。根据山东公共电视台播报的新闻，济南纳川培训学校一女生被同寝室女孩长期侮辱、殴打和性侵犯，学校在发现之后竟然要求女孩向母亲隐瞒并阻止母女见面。在调查中我们发现，教师们所认为的班级中存在的校园欺凌事件远远少于实际发生的欺凌，湖北省Y市W中初二一班主任李老师在访谈中说起，每学期班级内发生一两次校园欺凌，如打架斗殴或者孤立某个学生，并且他们认为这些都是个别现象，而且具有偶然性。然而该班学生填写的问卷显示，约17%的学生每周一次以上频繁地被欺凌，20%学生每月一次以上被欺凌，其中以语言欺凌为主(60%)。隐蔽性使得教师不能正确地了解到校园欺凌发生的实际状况，低估其对学生的负面影响，进而降低其主动获知与应对欺凌事件的积极性。

（三）校园欺凌问题与其他教育问题的交互

不论是规范的调查研究，还是网络媒体报道中的校园欺凌，校园欺凌总与留守儿童与随迁子女等问题同时出现在人们的视野中。经过多个调查发现，更多农村及城乡接合部的学生被卷入到校园欺凌，进城务工人员子女在校卷入校园欺凌的比例相对普遍学生卷入欺凌的比率要高。在具体的案例中，涉事学生通常缺乏充分的家庭监管或保护。

2015年3月至6月，共发生了20例校园欺凌案件，而且超过半数与留守儿童相关。2015年7月4日，贵州毕节纳雍县曙光中学一名初二男生郑雄被13名学生殴打致死，嫌疑人的打人理由为看不惯受害者以及考试期间受害者不让他们抄答案，而郑雄父母均在浙江打工，平时住宿在校，周末寄宿亲戚家，缺乏基本的保护和监管。

2015年6月下旬，网上一段名为"浙江省庆元初中生暴打残害一小学生"的视频受到广大关注，视频中三名学生用绳子套着小吴脖子，并把燃着的烟头放进他的衣领,并伴随着长时间的辱骂和殴打。视频中的主角都来自城东小学,这是庆元县一所专收外来务工人员子女的公办学校,就读的学生是大多来自东部郊区农村的孩子以及来庆元务工人员的子女。该事件中的受害者小吴就是来自农村,两位施虐者属于进城务工子女。辽宁大学强菲菲的研究中,一个名为小志的学生就是随着父母从外省转入当地学校的随迁子女,在校期间他受到频繁的欺凌,从而导致性格大变,成绩下滑。出现这种现象的原因在于,一方面是由于中国城镇化进程带来的进城务工潮直接导致的家庭方面教育和监管的不足与缺失。父亲、母亲其中一人外出,或者父母双双外出打工,产生了留守儿童这类群体。加上父母忙于生计无力监管,难以适应城市学校的随迁子女,是校园欺凌多发人群;另一方面是城乡教育管理与教学质量的差异形成的校园风气不同,农村学校宽松的管理和较低的学习要求使学生缺乏束缚,相应的不良行为没有得到及时抑制。虽然这种差异并不是绝对的,也有相关调查显示,许多城市中的重点学校也同样存在大量的校园欺凌,甚至存在较为严重的欺凌个案,总之,日益严峻的校园欺凌与留守儿童以及随迁子女等问题的确存在着复杂的交互关系

(四)我国校园欺凌案件与网络具有密切联系

由于电脑与手机等电子移动产品的普及化,网络欺凌作为校园欺凌的一种形式也与其他形式的校园欺凌起到交互影响的作用,尤其是近年来关于校园欺凌的照片与视频的广泛流传凸显了这一特点。如2015年6月下旬发生于江西永新县某实验学校的校园欺凌案件,最初引起各界注意即是欺凌视频的流出和传播。事件起因是在校期间担任学生干部的女生小樊因在管理纪律的过程中引起同班女生小左的记恨,于是小左集结了8名11岁至17岁不等的女生将小樊约至某天台,进行了长达一个多小时的殴打辱骂,同时拍摄视频,后未做处理直接传上网络,而在此次殴打之前也长期通过QQ和短信对小樊进行辱骂。后鉴定小樊多处软组织挫伤,耳骨膜穿孔,心理创伤更严重,事发后长时间沉默忧郁,每晚

做噩梦。这种形式的欺凌并非个案，根据对网络上相应欺凌图片视频的不完全统计，2015年以来开学期间几乎每个月均会发生10起。在网络上侮辱谩骂他人，捏造和扩散有损他人名声的不实言论，甚至拍摄并传播他人受欺受辱照片和视频都是网络欺凌的形式。

网络欺凌这一形式的宣传和传播，一方面成为契机引起全国社会各界的关注，甚至引起多位人大代表提出相关的议案，但另一方面这些照片和视频的流传将对被害人的伤害扩大延长。如果后续处置得不当，甚至会导致部分青少年产生不以为耻反以为荣的心理，崇拜甚至模仿这些欺凌方法并录制拍摄欺凌影像，那将适得其反。

三、中美校园欺凌的异同

（一）中美校园欺凌的相同点

首先，中美校园欺凌的相同点是校园欺凌的普遍性、重复性、隐蔽性以及危害性，这是由校园欺凌的本质属性决定的；其次，落后地区、弱势群体中的校园欺凌现象更为突出；最后，中美校园欺凌都与网络存在越来越密切的联系，网络欺凌也逐渐成为一个严重的欺凌方式，而且其治理显得更为复杂。

（二）中美校园欺凌的不同点

中美校园欺凌存在着不同的特点。在年龄趋势上，中国的校园欺凌发生率存在随着年龄增长而下降的趋势，而美国的校园欺凌在初中阶段更为严重。美国的校园欺凌有很浓的民族、宗教、文化冲突的色彩，但中国的校园欺凌不存在这些特点。另外，由于班干部身份的特权引起的校园欺凌是中国的校园欺凌的另一特色，以特权欺凌同学的班干部和反特权而报复班干部的学生都大有人在。从极端案件来看，由于开放的枪支政策，美国的校园欺凌引发的恶性事件相对中国来说危害更大性质更恶劣，从社会影响和具体损失上来说都比中国的案件严重得多。

第二节　中美校园欺凌防治比较

一、美国校园欺凌防治的特点

美国经过四十多年的钻研和摸索，形成了自己的校园欺凌防治体系。该体系包括了相关法律体系的完善，合理机构设置和权责划分，各具特色的校园欺凌防治措施与项目，充分的人力财力保障，形成了全民与校园欺凌做斗争的氛围。由于各州的相关法律及政策的推行实施以及其他社会群体的关注与媒体宣传，促进了全民对校园欺凌问题的感知和关注，这种重视与关注在相当程度上形成了反对校园欺凌的社会舆论，使得预防与阻止校园欺凌的各项活动得以形成和实施。在美国，相关政府机构、学校、公益组织以及更多的志愿者都参与反校园欺凌活动与组织，他们活跃于反校园欺凌立法、教育系统的管理、学校的反欺凌方案实施、反欺凌网站经营与相关社交账号管理等各个层面和领域。

（一）健全的法律支持

美国针对校园欺凌具有一系列完备的法律体系。虽然目前美国并没有解决校园欺凌的对口联邦法律，但是有教育部与司法部制定的联邦民权法，该法中所不允许的侵权行为，无论是欺凌、骚扰或歧视，学校都有义务按照该法律规定进行处理。尽管这些法律并没有专门针对欺凌或骚扰行为，但是现行法律已经为推动学校安全提供了联邦政府的支持。

美国法律要求学校从全国安全和无毒品学校与社区法中获得资金，施行全面的反欺凌政策，根据种族、宗教和性别导向区别欺凌类型，另要求各州向联邦政府报告欺凌和骚扰数据。如果学校对校园欺凌事件没有采取相应措施，则可能违反教育部和司法部制定的多个民事法案，如1964年民事权利法案、1972年教育修正法案、1973年的康复法案和美国残疾人法案等的相关规定。学区若没有有效阻止和惩罚该学区内学生的欺凌行为，也可能面临民事法律的惩罚，被处以巨额罚款。

美国各州及地方立法者都分别通过法律政策来保护儿童青少年远离欺凌，各地方政府的手段不一，有的通过立法，有的推出反欺凌政策。有的单独立法解决，有的多个法律都有规定，有的甚至有适用于未成年人的刑法。2002年，美国仅有9个州通过了反欺凌法案，到2015年3月，蒙大拿州的反欺凌法案的通过，标志着美国所有州都通过了反欺凌法。这些法律政策都有一基本的共同点，它们明确了立法目的、适用范围、具体禁止行为规范、州及地方教育政策的实施与开展、政策检视、沟通和影响反馈及监督。各州提出多个政策模板指导各学区如何制定反欺凌政策。各个学区根据情况制定适应本学区的反欺凌方案，并将该方案成文上交于州教育局并接受其监督，同时督促各学校按照方案实施。具体的反欺凌操作中从校园欺凌的报告信息渠道规定，到各区各校的校园欺凌情况调查、应对与处理，对欺凌事件及其处理的记录与跟踪都做了详细的规定，而且规定学区对学校员工进行反欺凌知识与技能的培训和教育，为欺凌事件的卷入者引入心理咨询等健康支持。例如加州法律规定州教育局应制定预防欺凌和冲突解决的一系列示范政策，使这一系列政策对学区指定了明确的操作方向。一个学区必须制定其"学校安全计划"，该计划必须包含有一个或多个州示范政策。州及学区有义务保证学校具有必要的专业人力资源，包括辅导员、护士、心理咨询师、心理专家等，尤其是具有经验的能准确定位危险儿童的专业人士。

（二）系统的校园欺凌干预项目

美国对校园欺凌问题高度重视，法律规定全面实行校园欺凌干预。各个学校或学区根据各州法律规定，相继研发实施了一系列校园欺凌防治干预措施。这些防治措施最初是借鉴奥维斯的奥维斯欺凌阻止项目

OBPP，该项目主要特点是通过学校、班级、个人三个层次进行干预，这在挪威的校园欺凌防治实验中效果非常显著。在奥维斯对加州南部进行的实验中，也收到较好的效果。经过七个月的实施，实验组的欺凌发生率降低了16%，而此期间对照组的欺凌上升了12%，所以，总体上来说降低欺凌发生率达到28%。2007年美国学者又将该方案分别应用于加利福尼亚州、华盛顿以及宾夕法尼亚州，均得到显著的效果。之后至今各州各地仍进行着各具特色的欺凌干预项目。如OBPP、零暴力校园项目、多媒体干预项目、和平校园项目等。根据项目秉持的观念不同，可将它们分为三类。

首先是全校层面的干预项目，也是应用最广泛的一类，提倡这类项目的人认为，反欺凌项目在针对全校的作用效率要高于针对卷入欺凌个人的作用效率。这类反欺凌项目注重的是由教师、学校管理者、家长、学生及社区共同致力于创建一个良好的学校环境。具体实施可分为三个层面：在学校层面是改善全校学生对校园欺凌的认知和态度，创建良好的减少欺凌的条件。比如表明对校园欺凌的禁止态度，将其详细写入校纪校规，在学校教室、食堂、体育馆、校车内等地方张贴校园欺凌的行为性质和后果，并将这些内容印发给学校教师、工作人员、校车司机、志愿者以及学生家长；在班级层面即是改观班级中所有学生对校园欺凌的看法和态度，在教师以及专业人员的引导下，在班级中形成全体反对欺凌的氛围和凝聚力；个人层面则是对欺凌卷入者、旁观者、家长等行为方式的调整改变。

其次是基于课堂层面的干预项目，这是通过各种课堂形式使学生能够正确认识校园欺凌并参与到校园欺凌的抵制中，使他们拥有更多移情能力和同情心，与同学能友好地交流互动。比如通过戏剧表演、角色扮演、讲故事、写信给欺凌的同学和被欺凌的同学等方式，让他们更加理解被欺凌同学的感受。

最后是针对欺凌卷入者个人的直接干预，也包括一些具体可操作的欺凌处理策略，是旨在对已经发生的欺凌行为涉及的相关成员进行的针对性干预。它们包括对被欺凌学生的支持、情感支援、心理咨询，对欺凌者的行为矫正、情感支持、引导、惩戒等方式方法。

各学校根据不同的校情或学区政策可以选择实施不同的反欺凌方案，或者综合各类干预方法形成特色的防治项目。在反欺凌的方式方法中，一些基本的做法是相似的，比如在学校最通常的做法是大量使用安全监控，聘用全职或兼职的安保人员进行每周一次以上全校范围的巡视。除了一般安保人员，还与具有逮捕权的执法人员合作。另外，美国也注重引入社会力量防治校园欺凌，可见社区的参与作用不容小觑。校园志愿者和社区公益组织的积极参加使得校园欺凌防治方案着力面更大。司法部的"社区关系服务"是该部门的"和事佬"，他们在致力于解决由人种、民族差异等引起的社区冲突和紧张关系，同时围绕着由性别、性别认同、性取向、宗教、残疾、种族、肤色等暴力仇恨犯罪进行工作。以一个自由、公正、保密、自愿的联邦机构身份，为学校、社会提供调解、协商、技术援助和培训等帮助。

（三）严肃规范的处置和惩罚

校园安全是美国教育行政的工作重点，防止学校违法犯罪行为的蔓延和渗透是有关整个社会稳定的公共责任。正是因为法律法规以及各项校园欺凌政策的规定，任何形式的暴力行为在美国校园都是不被容忍的。按照规定，学校必须是一个积极应对欺凌的参与者。欺凌发生后，学校必须采取合理的措施，处置欺凌者，同时制定补救措施，减轻被欺凌学生的身心负担。具体应对措施的采取则取决于案件的具体情况和性质，但总的来说，美国对校园欺凌的处置是及时而严肃的。

对于校园欺凌的处理和惩罚，学校层面有一系列的处置权利，包括停课、开除甚至逐出学校和学区。除了校内范围的惩罚，实施严重欺凌行为的学生还可能面对民事罚款和刑事处罚，包括有期徒刑。学区学校有一套成熟的应对程序，不同性质不同程度的校园欺凌会触发不同的应对策略，如一般性的语言欺凌和关系欺凌学校会动用相关辅导人员进行调查，进而开展专业辅导和矫治，对欺凌者进行批评教育感化，而对受欺凌学生进行心理支持或给予一部分补偿。若报告或发现的欺凌事件性质恶劣或预期结果危害大，学校则会请警察直接干预甚至判刑，同时有权根据情节对欺凌者施以开除或停课处分。前提是，不论如何处置，都会对被欺凌者或投诉者进行保护，同时通知相关学生监护人，一切按章处置。

美国警察可以直接干预校园欺凌，帮助学校管理校园欺凌现象，这也是有法律支持的，因为侵害他人权益、扰乱社会治安，就是犯罪行为。美国各地警察在直接参与整治校内欺凌事件时被要求在司法全面介入之前保证做好三件事情：① 确保遭受欺凌的学生人身安全，不被继续伤害或报复。② 确保欺凌事件现场所有目击证人的安全。③ 依法采取相应的措施控制实施欺凌的学生或相关刑事犯罪嫌疑人，包括刑事拘留或其他执法措施，保证后续开展广泛、深入、客观和公正地证据采集和调查。另外，参与欺凌事件调查取证工作的警官们不得以任何方式减轻欺凌事件情节或者出于主观愿望将欺凌事件合理化。如果调查结果显示学生确实已经形成犯罪事实，即使被害人不追究，也要依法提起公诉。在美国国家层面，33 个州没有设定最低刑事责任年龄，理论上任何年龄都可能被判处刑事处罚。因为他们认为，一个孩子能犯下成年人所犯下的罪恶，那就不能再把他/她当成孩子看了。但是这些州绝大部分都存在一套评价嫌疑人成熟程度的专业体系，会从生理、心理、认知等方面进行全面评估其是否能够为自己的行为负责。总的来说，美国的法律和政策都是坚决不纵容学生有欺凌行为的。

（四）专门的信息通道和网站支持

除去法律、政策及多元的反欺凌项目外，美国也为校园欺凌防治提供了很好的信息网络平台，有系列的网站和热线便于人们寻求帮助。每所学校内部必须按照规定设置各级畅通的报告欺凌的渠道，学生遇到校园欺凌可根据学校提供的热线或网站进行报告，也可直接找到学校相关负责人进行当面的举报。这些通道不仅适用于学生，也适用于学校其他工作人员和家长，如果当事人有寻求保护的要求，则对举报和自报校园欺凌的人提供保护。除了校内报告校园欺凌的渠道，还有学区、州甚至全国级别的求助渠道。

除了健全的举报申诉渠道，美国还有获取其他详细信息和帮助的平台。例如针对校园欺凌的官方网站 STOP BULLYING（阻止欺凌），不仅有提供各州反欺凌法律法规的具体规定查询，为相应人员提供法律支持，也为家长、学生、教师、学校管理者分别提供了了解、认识、发现及应对校园欺凌的专业知识和咨询，甚至有专家录制的各个项目解说视频。教师可以在这里找到校园欺凌防治课堂教学的参考课件，学生更可以通过该网站直接报告自身和他人受欺凌经历并求助。美国官方甚至开发相应的反欺凌手机应用软件，在移动通信网络迅猛发展的当下更具便捷性，对校园欺凌信息沟通有重要的实用意义。另外，一些社交媒体上也有跟欺凌主题相关的系列公众平台，有志愿者建设维护相关网站，经常更新发布相关的应对知识，同时招聘一些优秀的有相关知识储备的志愿者在线解答求助学生或家长的问题。这对那些在现实生活中因为种种原因不敢或不愿寻求帮助的人提供了一个匿名的安全的求助平台。另外，这些信息渠道和平台的建设也是相应机构和组织了解校园欺凌现实情况的重要途径。

总之，系列平台的搭建与信息的畅通，使得校园欺凌案件一旦发生更容易得到相应人员的关注和处理，也是反校园欺凌不可轻视的一环，是准确掌握校园欺凌现状和采取主动应对的信息前提和基础保障。

二、中国校园欺凌防治的特点

与美国成熟的校园欺凌防治体系相比，中国的校园欺凌防治工作还在起步阶段。但是在日常管理中仍有意无意影响了校园欺凌的实际发生发展。总的来说，中国的校园欺凌防治工作存在以下特点。

（一）主观方面的不重视

我国已有的校园欺凌发生发展的时间较西方发达国家为晚，故社会民众对校园欺凌缺乏认知和重视，虽然近年来频繁的恶性校园欺凌事件曝光引起社会关注与思考，但是从总体上来说，家长、学校以及学生对校园欺凌都缺乏系统的认识。学校与家长都存在普遍的侥幸心理，低估校园欺凌的严重性和普遍性，认为只是个别现象或者只是同学间的小打小闹，甚至将校园欺凌简单地对等为学生打架斗殴的行为。

笔者经过走访调查发现，大多数的成人对校园欺凌现象并不在意，认为没有产生伤亡的行为，都只是"孩子成长的一部分""我们小时候也是这么走过来的""没什么需要特别关注的"。在班级管理中，更多班主任认为重心还是在学生成绩上，光忙学生的课业已经让老师们焦头烂额，更别提应对学生间"小打小闹"。在教师的心里，他们想"只要不影响教学秩序就好"。另外，"不欺负别人，但是别人欺负你也绝不能吃亏"是家长对自己孩子在欺凌中的普遍态度，很多家长也鼓励孩子对别人的欺凌，要以牙还牙地反抗。一位教师在访谈中甚至表示"本来现在的孩子都娇气懦弱，如果学生不打架，那我反倒认为他们没有血性"。举例来说，2016年1月，陕西新平一初二男生在厕所受到同学的殴打并拍摄视频，该男生为单亲家庭，自幼跟随奶奶生活，事件发生后一周没有回校上课。学校领导在接受采访时表示"也没啥严重的"，并表示已经对涉事学生进行了"批评教育"。所以，校园欺凌依然通过多种方式持续地存在于学生之间而没有受到成人世界的重视，包括言语欺凌、关系欺凌、财物欺凌甚至复杂的网络欺凌。这些行为带给这些学生的不仅有短期身心伤害，更有消极的长远影响。一旦有恶性事件发生，各部门只是就事论事地消极应对，简单处理，前期缺乏预防与教育，事后缺乏追踪善后。归根结底，还是对校园欺凌没有足够的重视。然而，成人的态度直接影响了学生对校园欺凌的认知，如果成人对欺凌行为语言和行为上构成了纵容和轻视，学生也会在一定程度上认可校园欺凌的合理性。

（二）相关法律法规不健全

关于校园安全和学生违法违纪行为的处置，我国还是有法可依的。

《未成年人保护法》规定监护人要关注未成年人的身心健康；学校应当对未成年人进行社会生活指导、心理健康辅导和青春期教育，《未成年人保护法》第二十五条规定，对于在学校接受教育的有严重不良行为的未成年学生，学校和父母或者其他监护人应当互相配合加以管教；无力管教或者管教无效的，可按照有关规定将其送专门学校继续接受教育。而根据《教育法》第四十二条规定，对学校给予的处分不服可向有关部门提出申诉。《预防未成年人犯罪法》也对有不良行为与严重不良行为的学生管理进行了规定，校园欺凌行为赫然在此。

另外，《中小学幼儿园安全管理办法》及《学生伤害事故处理办法》都对学生引起的伤害事故的处理的责任划分进行了详细的规定，要求学校发现学生受到伤害后要立即根据实际情况及时采取相应措施，如果知情而未采取相应措施导致不良后果加重，学校要承担相应责任；对违反学校纪律、造成学生伤害事故负有责任的学生，学校可给予相应的处分。学校对违纪行为有依法处置的权力，这些处置依次为警告、记过、记大过、留校察看与劝退。触犯刑法且在14周岁以上的，由司法机关依法追究刑事责任。但在具体的校园欺凌事件中，法律的作用却无法彰显。例如：广东海丰县一名14岁女孩儿与同学有矛盾已经一年多，后来被8名女生脱衣殴打，现场视频惨不忍睹。案发后8名女孩儿全被判拘留5至8天，罚款500元，但因年龄原因并未执行，只是施害者家长进行了赔礼道歉。事后一名打人者还在网上叫嚣："打你怎么了？打你犯法吗？"

综合分析以上法律法规的相关规定，我国的法律提供的支持在于事后处置方面，而且指向的对象也仅倾向于那些后果严重、性质恶劣、结果外显的伤害行为。这些条款清晰地指出发生恶性事件的责任划分和处置办法，却对一般性、后果内隐的欺凌行为的常规性预防治理工作较为忽视。对校园欺凌或校园暴力治理都没有专门法律和政策支持，甚至也没有基本的法律界定和提及，这就使得对校园欺凌的防治和干预没有根据，同时也没有压力。

(三)处置方式不规范

尽管我国对校园欺凌的治理本身就有面向后果处理的被动应对的弊端,但就是这样的应对也是缺乏规范的。通过调查我们了解到,一般性的校园欺凌事件的处理仅限于班级层面,班主任负责绝大部分欺凌事件的处理。欺凌问题的解决通常与其他一般违纪行为同样处理,如上课讲话、旷课等,甚至更随意。他们通常采用的办法包括批评、冷落、写检讨、叫家长等,具体处理办法全凭班主任的主观判断,甚至有的教师采取以暴制暴的体罚方式。遇到情节稍微严重或应对无效的校园欺凌问题时,班主任也会求助于政教处,但政教处的处理也没有相应的规范和程序。这是对一般校园欺凌问题的处置思路和做法。

如果欺凌事态发展到明显人身伤害、严重心理障碍或引起广泛舆论关注,学校才会采取应急措施,并请警察机关介入。但总的来说,都倾向于回避舆论、撇清责任、低调处理、和解为主,许多性质恶劣的校园欺凌案件最终以批评教育结尾,缺乏系统的处理机制。这么处置的欺凌行为受到的惩戒和教育不足,尤其是中小学阶段的欺凌行为,总是被有意无意地纵容。中国14周岁以下的儿童是完全不承担刑事责任的,由于缺乏良好的教育指导,原本保护儿童的最低刑事责任年龄成为部分儿童少年行恶的保护伞,使得故意杀人的少年发出令人哗然的言论:"因为我知道我没满14岁,不用坐牢。"法律的保护和学校的"息事宁人"的做法使得欺凌成本较小,学生无法完全认识欺凌事件的后果和代价,从而认为欺凌行为是合理的,不能起到应有的警示作用。

总之,就目前出现的校园欺凌事件来看,其处置的规范性和严肃性都不令人满意,缺乏成文的规范,处理事件随意、不严肃。从心理学角度来讲,惩罚的作用在于让主体认识到错误的行为将付出代价,进行惩罚要遵循即时、规范、适度的原则,这对校园欺凌防治来说也是非常重要的。

(四)缺乏相应的资源

正是由于对校园欺凌的重视不够,缺乏法律政策的支持,直接导致防治校园欺凌的基本物质基础缺乏。表现出来就是缺乏必需的财力支持，缺少相关人力资源和物质资源的配备了。经过调查我们发现，大多数学校并没有配备专门的心理教师或咨询工作者，绝大多数的城乡学校中，设有的心理咨询教师只是其他学科教师兼任的，甚至根本没有相关学科背景。然而校园欺凌防治系统中专业的心理健康教育与行为方式引导至关重要，缺少专业支持的校园欺凌防治工作很难进行。

教育体系内部缺乏相应的常设信息沟通渠道以及时发现和应对欺凌行为，通常是班主任获知欺凌事实之后根据个人判断简单处理。自我报告是校园欺凌得以发现进而采取措施的主要方式。然而许多学生并不清楚学校相关寻求帮助的渠道，因此，高效开展欺凌防治工作的前提是学生知悉求助的渠道和求助的必要性，进而主动求助。

学校工作理念影响防治工作的参与积极性，学校抱有一切以维持教学秩序和提升升学率为中心目标的工作理念。班主任作为学生管理的一线教师，其学生管理重点是学生成绩和升学率，其工作考核的重点也在于学生学业成绩方面。如果某班级频繁出现校园欺凌，班主任会因为发现不及时或处理不当受到责备，但是班级纪律好的班主任却也得不到相应的奖励，导致班主任工作"不求无功，但求无过"的无奈心理。班主任处理无效或事态严峻、事发突然的校园欺凌才会惊动学校政教人员，除非引起死亡或轰动的社会舆论，不然学校更倾向于内部凭经验简单化处理。

相关课程和培训资源也几乎空白，学校教职工对校园欺凌的认识不深刻，同时也不能有效地应对欺凌行为。一名任教10年的女班主任对班上屡教不改的"霸王"无计可施，多次表示"我真的不知道怎么办了""每次就那几招，他（欺凌者）都清楚了，他根本不怕"。面对此情此景，有很多班主任根本无计可施，同时也寻求出路无门。

专门矫治机构缺乏，工读学校发展落寞。工读学校本应该是国民教育中重要的组成部分，在校园欺凌的治理中也应该起到应有的矫治作用。工读学校目前主要生源为有轻微违法和道德偏差的中小学生，但最近10

年来工读学校发展萎缩。由于入学不具强制性,需要同时得到原就读学校、学生家长以及学生本人的同意,而由于家长与学生对工读学校的误解和抵触,因而招生也日渐困难。另外,工读学校里也没有充分发挥其矫治作用,重管不重教,也得不到公众的支持。与此同时,工读学校本身目前存在严重的师资老龄化、专业师资匮乏、财政资源紧缺,办学体制老套,办学条件差等问题,综合以上原因导致工读学校的发展十分受限。

综上所述,我国对校园欺凌防治的支持在法律政策中的体现只针对一些后果性质严重的案例,缺乏对校园欺凌的普遍关注,缺乏日常防治规范的系统建设,形成的是一种被动的应对方式而非系统的防治结合。缺乏必要的物质基础和专业人力资源,同时缺乏来自各方的配合与支持。在我国并没有成熟规模的校园欺凌防治项目或方案,个别成功的项目试验也未得到推广,从教育行政部门到学校管理乃至班级管理普遍是面向突出事件、按照经验应对、内部消化为主要特点。

三、中美校园欺凌防治的异同

(一)中美校园欺凌防治的相同点

尽管中美校园欺凌防治工作存在巨大的差别,但是他们的防治工作也存在相似相通之处。首先,学校是校园欺凌防治工作的主战场。基本的教育、预防工作以学校的活动为依托开展,而且大部分的校园欺凌案件是在学校层面进行处置的。其次,校园欺凌的防治工作受到来自舆论和法律的压力推动。尽管程度不同,中美的学校和其他责任部门在校园欺凌的处置和应对上都受到来自媒体、网络舆论的压力,这都是由于人们对校园欺凌的现象的关注导致的。最后,校园欺凌是不会完全消除的行为,中美的校园欺凌的防治都将在各自的探索和完善中继续前行。

(二)中美校园欺凌防治的不同点

中美校园欺凌防治工作存在巨大的差异,主要体现在校园欺凌防治的法律支持、组织支持、人力支持、技术支持等方面。美国将校园欺凌防治纳入法律，对学生间的欺凌采取从重从严的处罚；中国的法律专设校园欺凌相关条款，已有的相关法律法规在执行的时候不彻底，客观上形成对校园欺凌的纵容。由于美国有成熟的校园欺凌防治体系，从国家、教育行政部门及学校都存在专项负责校园欺凌防治的组织或领导小组，而中国的校园欺凌行为目前与其他一般违纪行为一样，由主管教学和纪律的班主任、学校领导简单处理，在人力支持上尤其是指校园欺凌干预的专业人员的参与上（如专业心理咨询师、专业行为辅导人员、校园欺凌研究的专家，甚至经验丰富的社会志愿者等），从专业人才的数量、质量、实际参与度来说，中国目前还是远远不够的。此处谈及的技术支持是指实际的防治工作是否得到来自教育行政部分、学者专家的指导和帮助。

第三节　美国校园欺凌防治对我国防治校园欺凌的启示

我国中小学生面临着严峻的校园欺凌问题，这些问题的某些形成原因和影响因素具有跨文化的一致性，这些影响因素包括来自于儿童青少年的心理发展特点、信息网络社会的负面浸染、同伴压力的影响、家庭教养与温情的缺失、学校对欺凌的态度与处置方式等。同时中美两国的校园欺凌也受到来自各自国家文化的影响，不同的文化背景决定了校园欺凌特点具有必然差异，也决定了对校园欺凌的反应和应对存在必然差异。因此，如果我国能够区别地看待这些共性与个性，才能在防治系统的建设上减少不必要的摸索和弯路，有效借鉴美国成功的防治经验，同时能够结合本国文化背景进行必要的适应和修改，从而真正有效防治国内的校园欺凌。

总体来说，笔者认为美国校园欺凌在以下方面最值得我国学习借鉴：一是理论界重视校园欺凌问题的研究，不同层面不同角度的研究为政府出台相关防治措施奠定了基础，也为学校提供了必要的专业指导；二是政府层面重视校园欺凌问题，对校园欺凌实行"零容忍"，并为校园欺凌的防与治提供必要的经济支持和政策法律支持，使校园欺凌防治活动的开展具有合法性；三是社会积极参与校园欺凌防治，营造良好的环境氛围，如净化网络环境、组织公益性组织提供帮助等；四是学校把校园欺凌防治作为学校的重要工作，学校是进行教育活动的主要场所，也是校园欺凌防治中最为重要的主体，明确对校园欺凌的坚决态度，积极配合政府政策，切实实施各个校园欺凌防治项目，加强对学生的管理和教育，形成良好的学风校风，使学生自觉远离欺凌行为。针对我国目前校园欺凌及其防治存在的问题，社会各界应该逐步采取以下措施。

一、学界展开调查研究

美国教育部的教育科研中心（专门负责统计调查与评估的部门）每隔一年都会在全国范围内统计一次校园欺凌的现状，其主要统计项目包括性别、种族与宗教、地理位置（城市／城郊／农村）、学校类型（公立或私立／宗教或非宗教学校）等内容，并在教育统计中有官方网站和反校园欺凌官方网站等公众平台开放数据统计结果，发布相应的分析报告。为相关州、学区、学校进行进一步分析和比较，提供了可信度较高的统计数据。同样，我国相关理论界也要深入研究国内校园欺凌问题，这是有效开展校园欺凌防治的重要前提。知己知彼，百战不殆。要想解决校园欺凌的问题，必须正视校园欺凌的现状，对校园欺凌这一敌人进行全面客观的了解和认识，有了解才有重视，才能采取有针对性且具体可行的措施。同时，对校园欺凌真实的现状的把握也能在时间维度上作为考察校园欺凌防治工作的有效性的参考。而正视现状的基础必须是科学、客观的调查。这在美国的校园欺凌防治中也是基本的普遍性政策，我国也应该主动调查研究，建立起本国各层级的校园欺凌数据库。

首先各级教育行政部门应该公开发起调查，采用课题形式交给教育科研专家或者组建特别调查组的形式展开调查。其间可以借鉴参考奥维斯等人的问卷设计，研制出科学的测量工具，结合本国实况进行修改完善，经过系列试调研，进而全面统一培训调查人员对问卷或调查表等测量工具的使用，对全国范围内进行抽样甚至普查，然后以校为单位总结到区、市及省。然后，相关专家和学者应该进行全面科学的统计与分析，最终撰写出调查报告公布于相关公众平台，同时为教育管理人员、科研人员、教师、家长等提供数据检索渠道，以便他们在工作或研究中进行参考和分析。

在此要注意调查的全面性和调查工具的统一性。在全面统一的调查可以明确我国校园欺凌的实际状况，更细致地分析在不同年龄、性别、地域、家庭、民族，甚至不同学校管理模式间存在的差异，找出基本规律和影响因素。

注意调查结果的公开性。公开调查结果可向社会揭示其严峻现状并提供数据支撑，使人们直面校园欺凌客观存在这一事实。学校层面若能通过调查认识到本校欺凌的状况，就能明白采取行动的必要性，同时也能有针对性地采取适合学校的防治措施，这才是校园欺凌防治成功的充分条件。对家长群体来说，也能提醒他们校园欺凌存在的普遍性，促使他们更加注重孩子的教育和成长，进而促进家长群体在今后的防治工作中积极配合学校。

注重调查结果分析对防治实践的引导价值。向各地各校教育管理人员提供基本的信息，能使他们有针对性地开展防治工作。由于校园欺凌的情况校际差异巨大，校园欺凌的防治工作只有在结合学校具体的情况之后才会更有效。

总之，全面科学统一的调查是深入了解校园欺凌事实，制定和实施防治计划的信息前提。在充分掌握了校园欺凌的现实状况的前提下，学界应该进行更为深入的研究，明确我国校园欺凌产生的深层原因与发展趋势，探索我国校园欺凌的规律，建立我国校园欺凌及其干预的理论体系，积极配合学校展开具有比较性的干预实验。在此过程中要充分了解各国的研究进度，关注各国的防治实践，不拘于形式学习借鉴他国成功经验。

二、政府着力法治建设

美国、日本、芬兰、挪威等，都有在立法层面对校园欺凌的防治工作提供法律支持。同时将校园欺凌问题区别于其他形式的不良行为，甚至上升到法律层面。而我国在相关法律建设方面严重不足，不仅学校在处理相关问题时权责不清，而且法律文本中根本没有校园暴力、校园欺凌等字眼。我国相关法律建设还大有可为。

首先，需要颁布相关法律法规和政策，保证防治工作的合法性。我国的校园欺凌防治要形成规模、形成体系，这是必不可少的，在这些法规政策中应该明确各级教育行政机构、学校、家庭以及社会的相关权利与责任。比如，明确规定各级教育局或委员会如何完成对校园欺凌防治工作的统筹、开展、检查验收工作；规定学校应该承担的责任和需要完成的工作以及他们进行处置的权力有哪些；如何将校园欺凌防治工作成绩纳入各地教育局及学校的工作评价中去。由于我国教育行政体制较为集中，教育管理体制决定了各级教育行政机关具有相当的权威性，相关法律法规或政策的出台，能使校园欺凌防治工作更具合法性，也更能得到司法支持，这样能使各级教育行政部门和学校更重视校园欺凌的防治工作。

法律应该明确规定各级政府如何保证校园欺凌防治的财政投入和专业人才配备。兵马未动，粮草先行。必要的经济支持是一切工作顺利开展的物质前提，政府可为校园欺凌设置专项资金，各地各级教育管理部门分别筹措，尤其是对经济欠发达的地区的农村学校和城乡接合部的学校给予特别的支持。除此之外，也可接受来自社会公益组织和个人的经济支持，保证相关工作正常开展。因为只有在资金充足的情况下，才能保证校园欺凌防治工作中所需的人力、物力、资源，才能争取通过一定时间的努力，能有相当比例的专业辅导教师和专业工作人员，拥有必要的场地和设施，能顺利开展学生的心理教育和咨询、援助、行为方式训练等工作，并能定期对学校教职工和家长开展相关培训和教育。在校园欺凌防治体系的建设中，涉及多方面的知识和理论，各级教育行政部门应该保证各个学校在制订工作计划和开展校园欺凌防治工作的过程中得到应有的专业帮助，这就需要相关专家和有经验的教育管理人员参与，给予专业指导与帮助。尤其在工作的总结反馈和修正中，更需要专业的分析和建议，甚至可借鉴美国开通相关网站和平台，提供相关学者和专家录制的相应视频、文章等资料，并开启求助通道，对防治工作中遇到的困难邀请专家在线分析。

美国联邦政府和各地州政府正通过加强立法，从多方面遏制校园暴力行为。一是降低欺凌行为认定标准，除动手打人、吐口水、故意推搡、拍裸照等行为外，还把言语辱骂、口头威胁和在公众场合故意嘲笑他人残障、种族、性别、性取向、宗教信仰等认定为欺凌行为。二是加强父母管教子女的责任，如未成年学生因欺凌行为而被送到青少年法院，父母也将一并进入司法程序。三是加强对欺凌行为的刑事惩罚，如后果严重且施暴者有前科，即便是未成年人涉案，也可以当作成人刑事案件审理。

我国相关法律法规也应突出严惩机制，结合教育矫治，绝不纵容任何欺凌行为。对未成年学生实施的性质严重、影响恶劣的校园欺凌加大法律的惩罚力度，提高其欺凌成本，形成威慑，甚至可根据当代儿童少年的成长成熟程度适当降低刑责年龄（印度、加拿大、希腊等最小刑责年龄是12岁，英国的最小刑责年龄是10岁，美国多个州甚至无最低刑责年龄），对性质极其恶劣、后果极其严重的欺凌事件追究欺凌者的刑事责任。

三、学校建设防治体系

校园欺凌防治体系是防治校园欺凌为目标而开展的一切活动的系统

总和。学校是校园欺凌发生发展的主要场所，也是校园欺凌防治的主战场。这也是真正落实校园欺凌防治的重中之重。根据美国的研究和实践经验，校园欺凌防治在学校或学区根据自己的具体情况设计并实施防治项目时更有成效。因此国内在进行学校为单位的校园欺凌防治体系时要有充分的灵活性，在遵循基本防治原则的基础上，按照国家政策法律的相关规定，充分结合学校实际，通过多样的方式开展具体防治工作。笔者认为加快帮助学校建立防治体系，可以从以下几个方面做起。

（一）以防为主的预警机制

预警机制重在监测、预报和警示。在校园欺凌事发前或进行中，要进行系统的信息收集和预判，全面监控和防范校园欺凌事件的发生，积极地管理校园欺凌发生的风险，而不是被动地等待风险转化为危机。这里主要是建立完善的监控体系，相对准确的预判机制。

首先是在校园中各个适宜的地方安装电子眼监控，一是实时了解是否有可疑欺凌事件发生，为事件的处理和分析提供证据和材料；二是让学生清楚错误的行为会被监测到，形成某种威慑。但是，总有电子监控无法覆盖的范围，在校园欺凌多发的时段和地域，可以安排教职工不定时地巡查。另外，摄像监控到的是肉眼可见的欺凌行为，但是如关系欺凌、语言欺凌与网络欺凌等需要深入学生群体与个体才能了解到的情况，则需要各个班级班主任、辅导教师（有条件的学校应该设置的引导学生生活与交往的指导老师）、任课教师以及其他学校职工进行观察、了解，时常与学生进行交流，尽可能减少因为隐蔽性而不被发现的欺凌事件发生概率。

对学校教职工的培训是世界各国校园欺凌防治工作的重点，因为学校人员的参与和投入是决定校园欺凌防治是否成功的三大关键之一。学校相关教职工必须经过定期培训，达到能敏感地辨认不良苗头和线索的能力，并能够在事态恶化前，采取正确适宜的方式，争取防患于未然。在中国的学校中，班主任是学生管理的前线工作者，可对他们进行专门的培训，使他们充分掌握正确的技术和方法及时发现和应对校园欺凌，同时也要注重加强班主任之间防治工作经验的交流和学习，不断提升学生管理的专业化水平。学校相关工作人员要重点了解和关注具有显著的易卷入欺凌事件的个人特征的学生，包括潜在的欺凌者与被欺凌者，对其给予更多的关爱和教育，也可借鉴美国的做法，为这些学生建立起特殊文件资料档案，将采集到的信息与干预辅导的过程与反馈综合形成相应的信息库、数据库，以备针对性辅导之需。

（二）以治为主的应急机制

应急机制是指事件发生之后按照既定的程序和规则迅速、有序地采取措施，防止事态扩大，尽量减小损害。美国的法律明确规定了校园欺凌中的欺凌者应该受到怎样的惩罚和受欺者应该得到怎样的援助与支持，这使得学校在处理已发生的校园欺凌的时候，能迅速、果敢、按章从严处置，决不姑息，鲜有不服处置的现象。而且美国法律中"三振出局"的原则同样适用于校园欺凌，对校园欺凌的"惯犯"决不手软。这对我们的启示在于：在校园欺凌事件已经发生并被察觉的情况下，必须第一时间进行严肃的处理。尤其是对主动寻求帮助的被欺凌者报告的欺凌事件，学校方面必须立即展开调查和讨论，根据相关法规政策以及本校校纪校规进行有效处置，第一时间终止欺凌行为，同时根据案件性质和欺凌者的主观恶意程度及客观后果对欺凌者进行严厉惩罚。虽然许多专家表示针对中小学生的不良行为重在教育而不是惩罚，但是从学校层面来说，严惩欺凌者对校园欺凌防治的持续性有非常重要的意义。而且校园欺凌具有不同于其他形式的不良行为，是以伤害他人身心为后果的，必须严惩，应该请求公安机关涉入的绝不内部消化，应该退学的绝不留校察看，应记大过的绝不警告了事，应该严肃道歉的绝不能蒙混过关。如果学校的处理不当或者轻慢对待，长此以往，那么学生就不会再信任成年人的帮助，遇到同样甚至更为恶劣的欺凌事件，也不会再向家长、教师、学校寻求帮助。

首先，学校方面应该建立起一个面对校园欺凌事件具有决策权的决策小组，如由校长、教导处主任、班主任、心理教师、辅导教师、家长代表、社区代表组成的校园欺凌防治工作小组。在这个小组内明确分工和权责，确定信息沟通渠道和方式，明确工作原则，制定工作细则。

同时，学校应逐渐建立起一套系统的及时应对处置的标准和流程。对不同性质不同程度的校园欺凌事件进行归类，分别拟出一系列有针对性的干预手段。比如：接到欺凌报告或观察到可疑线索——班主任和辅导老师进行调查——与家长沟通处置方式——根据事情严重程度选择自行处置或报告委员会商议甚至上报上级教育行政机关——制定和实施针对相关学生的心理辅导和行为矫正工作（性质特别严重的寻求执法机关配合与帮助）——后期跟进和反馈——事件处置始末入本校工作记录备查。

具体的应对程序和策略可以因各校具体情况按需制定，但迅速果断、规范有序地处理已发现的校园欺凌事件是基本原则。拖沓犹豫、瞻前顾后、随意失范的处置不仅会打击被欺凌学生的寻求帮助的积极性，也会让家长、公众对处理结果的信任度和信服度降低。

（三）防治结合的长效机制

长效机制是常规化的、持续性的系列策略。与校园欺凌的战斗应该是持久而持续的，尽管具有明察秋毫的预警机制和反应迅速有效的应急机制，还是不能从源头上减少校园欺凌发生的可能性。此时就需要建立起一套防治结合的长效机制，渗透到学生教育活动的时时刻刻、方方面面，并充分利用同伴支持、班级干预及家庭干预。长效机制要求将校园欺凌防治工作当成常规工作来做，该机制致力于营造友爱和谐的校园氛围、正确包容的人际关系，努力提高学生对欺凌行为及其危害的认知，培养其良好的社会技能。具体开展工作时可以参照奥维斯校园欺凌干预项目OBPP，从学校、班级、个人三个维度来进行。学校层面营造氛围，班级层面学习教育，个人层面精准干预。但落实下来需要注意以下要点。

第一，要在日常教育中融入校园欺凌防治内容。主要目标让学生认识校园欺凌是错误的并会受到惩罚，教会学生应对发生在自己和他人身上的校园欺凌事件并正确求助，形成友爱互助的人际关系和反暴力的校园氛围。这就需要将校园欺凌防治教育与法制教育、道德教育全面地融合起来，使它们在教育内容和方式方法中都可以融会贯通。比如在友爱互助的道德教育中赞扬在他人被欺凌时勇于伸出援手的品质，尊重每个同学的差异性，不要因为他人的不同而对其排斥。同时可以通过反面教材等形式告知学生欺凌他人的行为是可耻的，使得学生认识到欺凌行为的错误性和将带来的后果及应承担的责任。具体操作时要有针对性地开展相关课程和活动，向学生传达学校相关纪律规范的思想，教会孩子在校园欺凌中如何自我保护、如何寻求和给予帮助，同时教会他们养成良好的行为方式，学会如何与他人友好相处。最直接的是教会他们在面对校园欺凌时如何反应、如何寻求帮助。比如美国设有校园欺凌应对的教材和教学，"三步法"是其中直接应用于面对欺凌的具体办法：一、叫停，看着欺凌者，用清晰冷静的语言让他/她停止欺凌行为，因为许多一般性欺凌的继续发生是由于受害者的懦弱和胆怯心理；二、走开，如果口头的拒绝并不管用，可直接走开，离欺凌者远远的，到有其他伙伴和成人的地方去；三、求助，如果语言的警告和主动离开仍不能有效阻止欺凌者，向老师或其他成人求助，坚决不能独自承受被欺凌的痛苦。可以利用班级讨论、案例分析、话剧表演、角色代入、书信交流等方式使学生了解被欺凌的痛苦，促进欺凌者与被欺凌者之间的移情和谅解。对学生来说，这种教育不仅要进入学校安全教育的课堂，也要渗透到其他学科的教学中，在学生的课外活动和生活中也需要加强相关知识的教育。

第二，在防治工作中找规律寻差异。学校要在日常的校园欺凌防治工作中注意寻找规律，结合相关理论知识和实践经验，对易发生校园欺凌的人群进行个性与人格的分析，检视已往教育工作和欺凌防治工作的不足和亮点，探寻不同的干预方法对不同对象的有效性差异，比较校园欺凌防治中不同角色中的态度和行为差异。同时，校园欺凌防治工作要注重各个案例的差异性，比如，同种性质同种形式的欺凌行为，在干预的时候要充分了解与分析卷入者的成长环境和家庭教育观念，再对症下药。只有这样，才能创造性地完成校园欺凌防治这一工作。

第三，注重欺凌事件处置后的跟踪与恢复。在具体事件的处置中要注重果断和迅速，但在事件发生和处理后要注意跟踪和反馈，不能简单地"结案收工"。而应该通过各种渠道了解相关学生的思想和行为状态，既要防止欺凌者口服心不服的报复，使其充分认识到错误，切实改正。还要尽快恢复欺凌行为造成的不良影响，一则是保证受欺者的身心恢复，二是恢复对班级、学校的消极影响，使每个校园欺凌事件不会形成长远的消极影响。

（四）多管齐下的合力机制

合力机制是指多个相关主体为了达到同一目标而进行的有序的配合。校园是欺凌事件的形成和发展的主要地方，也应该是校园欺凌防治工作的主战场。作为专门的教育场所，学校有责任创设和谐的校园人文环境。此外要建立学校为基本工作单位的防治体系，优点在于便于利用已经形成的学校管理体系，同时能够充分适应于本校的具体情况。尤其在城市划片区就近入学以及农村多住宿制学校的情况下，以学校为中心的工作模式非常具有地域性优势，便于家、校、社区的合作顺利开展。另外，以学校为基本工作单位给予学校更多实验和创新的空间，同时有利于各级教育行政部门给予综合监管和考察评估，促进开展校际之间的交流和学习。虽然学校是校园欺凌防治工作开展的主战场，但是校园欺凌的发生本身具有复杂的系统原因，仅仅从学校单方面来努力是不够的，还需要来自各个领域的配合与支持。

首先，社会各界要致力于创造良好的社会环境。在影视文化方面，可落实影视作品分级制度，在面向未成年人的影视作品中，不得传播暴力言论和观念。同时社会媒体应该公平公正地报道相应事件，注重引导大众正视校园欺凌，提倡防治欺凌人人有责的观念。另外还可以通过学习美国利用青少年偶像拍摄的公益广告和短片宣传的方式，反对校园欺凌的舆论。在政府方面,应该为更紧密的警校合作提供政策条件,使公安局和派出所积极参与其治安辖区内的学校安全工作,对社会帮派的侵蚀严打不懈。另外,要严格规范社会休闲娱乐业,如网吧、歌厅等,严打为图私利违法经营的业主。

其次,家庭方面更应该积极配合学校的工作,家庭内部教养的不一致,可能会影响孩子的成长。若家校间教育观念和方法不一致或者相悖,可能会得不到预期的教育效果,甚至使学校的教育功亏一篑。在此可借鉴美国各州的做法,把校园欺凌相关现状和知识、后果、应对方式、相关法律法规知识及学校规范等内容印发给各教职员工及家长,使家长了解校园欺凌的危害和学校相关规定。同时,家长也要积极参与学校发起的相关培训、班会及家访等活动,及时发现孩子参与校园欺凌或被欺凌的线索,采取正确的应对措施,并与学校沟通。这也需要家长们充分利用当下流行的网络社交平台,如网站、微信、QQ等方式,与学校保持持久通畅的联系,并实时关注学校推送的相关信息与知识。学校还要对不履行相关义务的家长,给予相应批评教育。

社会公益组织的力量在美国的校园欺凌防治中具有不可忽略的作用,他们的志愿者群体活跃于社区、学校和网络,积极参与校园欺凌的防治工作并取得了良好的成绩。我国也应积极利用优秀社会工作人员与公益组织的力量,鼓励他们在校内校外进行帮助和支持。社会公益组织的人员既非学校教师也非家长的身份,在欺凌信息的收集和学生真实想法的挖掘上有相应的优势,能够将学校这一防治战场扩大到学校周边及社区。这群人可以充当"校外巡逻小组",也可以是在校设点的社会工作者,是相关网络平台上有问必答的咨询答疑者,也可以是假期开展的社区学校教师和朋友。社会公益组织的存在极大地补充了校园欺凌防治工作的队伍力量。

总之,校园欺凌的防治工作应该融合来自政府、学校、社会、家庭的合力,充分调动各方的责任感和积极性,合理利用不同主体在防治工作中的优势和力量,全面有效推进校园欺凌的防治工作。

◆ 第四章

学生该如何预防和应对校园欺凌

第一节　从我做起，预防校园欺凌

校园欺凌行为让学生受到了伤害，因此，学生应该学会保护自己，学会人际交往，变得勇敢、自信、坚强起来，让校园欺凌行为不再发生。

一、正确认识欺凌这件事

1. 要懂得识别校园欺凌

第一，看对方是不是故意的；第二，看对方是不是蓄意的；第三，看与对方的力量是否悬殊；第四，看对方的行为有没有违背你的意志。凡是让你不舒服的、让你恐惧的、让你害怕的、让你感觉与对方之间力量对比悬殊的，都是欺凌行为。

2. 不应该有人受到欺凌

欺凌者长期欺凌别人的行为，久而久之，便会养成对别人颐指气使的习惯，即使没有犯罪行为，待进入到社会以后，他们的这种做法都会令其他人感到反感。欺凌者习惯了对别人呼来喝去，就会制造许多受欺凌者。

受欺凌者长期受到欺凌，身心都会受到很大的伤害，他们心情抑郁、忧虑、恐惧，这种情绪会直接影响到他们的学习和生活，甚至影响到他们的人生观、世界观、价值观。他们认为自己是孤立无援的，没有朋友，没有值得信赖的人。

无论是欺凌者还是被欺凌者都要明白，人与人之间是平等的，任何人都没有权利去剥夺另一个人的权利。受欺凌者要明白，受到欺凌不是你的错，不管你各方面的表现如何，任何人都没有权利欺凌你。

事实上，欺凌者也是需要帮助的人，他们欺凌别人，也许他们在其他地方受到过欺凌，他们不知道与别人怎样沟通，与别人怎样交往，以欺凌别人来证明自己。

因此，在受到欺凌的时候，不要躲避、生气、抱怨，或者立即报复，而是快速寻找积极解决的办法，让自己摆脱这种境地，也让欺凌者得到有效的制止，这也是在帮助他们。

3.不做校园欺凌的旁观者

校园欺凌的旁观者越多，校园欺凌行为就越多；校园欺凌的旁观者越少，校园欺凌行为就越少。

（1）旁观者会助长欺凌者的欺凌行为。欺凌者实施欺凌的目的之一就是为了在同学中获得更高的地位，满足统治欲，在同学中展现地位优势。当有人旁观的时候，欺凌者就会有这样的心态："让你们都见识见识，我是老大，我有权利，我很勇敢，我很棒。"旁观者无形中成了欺凌者的喝彩人，助长了欺凌行为。

（2）旁观者会加重受欺凌者的伤害感。校园中不少欺凌的出发点是践踏受欺凌者的自尊，让他没有面子，而旁观者的存在让这一伤害加重了许多，在受害者眼中，围观者站在受欺凌者的身后，就是受欺凌者的协同者。

因此，当遇到校园欺凌行为时，拒绝做欺凌行为的旁观者，要立即向老师报告，以防事态发展严重。

二、让欺凌者不敢靠近你

要做好自己，不要让欺凌者靠近你。

1.做个自信的孩子

做一个自信的人是预防校园欺凌最有效的手段。自信的孩子始终都是挺胸抬头，走路坚定有力，他们给人一种我是不可侵犯的暗示；不自信的孩子低着头走路，而且慢慢腾腾，他们给人一种胆小怯懦、让人欺负的暗示。欺凌者欺凌别人是想得到一种满足感、胜利感、成就感。当他们看到自信的人时，他们自己就会认为这种人我欺负不了，自己就自卑下去，自然就不会再实施欺凌行为。

因此，一定要自信。自信说起来容易，做起来却很难。但坚决不要让自己的自信心建立在别人对自己的看法上。我们来到这个世界上，就是独一无二的，要因为自己的这番独特而自豪。当自己这样想的时候，就会呈现出一种自信的状态。只有自己才能提高自己的自信。与其把自己看得太低，不相信自己有能力解决任何事情和问题，还不如用行动和努力让自己变得更优秀、更有能力。做一个竭尽所能的人，释放出自己全部的能量。

2. 别做让欺凌者盯上的事情

校园欺凌行为中，被欺凌者都有一定的欺凌特征。根据调查显示，在被欺凌者中，有一个十分普遍的现象，就是有钱。主要表现在以下几方面：

（1）家里面有钱的孩子，他们的穿着、学习用品一看都很值钱，这让欺凌者觉得抢劫他们的财物是值得的。

（2）每天豪车车接车送的孩子，他们几乎没有什么朋友，容易招致别人的嫉妒。

（3）没有钱装有钱的孩子，他们虽然没钱，但是却想靠钱来买友谊，经常请同学吃饭，不断卖弄，不断显摆，很容易被欺凌者盯上。

所以，在日常生活中，无论有钱没钱，学生就应该是一个学生的样子，穿着打扮、学习用品要符合学生的身份。

除此之外，比较另类的打扮、个性的发型、粗俗的语言也十分容易招致被欺凌。想要表现出个性，一定不要在校园中表现出来。如果在校园中表现出来，会让欺凌者觉得很扎眼，会增加被欺凌的可能性。

3. 远离校园偏僻的地方

学校及学校附近比较偏僻的地方，是经常发生欺凌行为的场所，所以要远离这些地方。例如，学校的厕所里，不会安装摄像头，而且十分隐蔽，不容易被人发现，易发生校园欺凌；校园门口，校园里面有老师、有摄像头，所以一般人不敢怎样，但是学校门口的拐角处、胡同里却是"好地方"，可以进行欺凌行为，所以放学后，孩子要尽量结伴而行，并走大路；寄宿学校的宿舍，也不会安装摄像头，到了晚上熄灯后，就是实施身体欺凌的"好时候"，还有可能是孤立被欺凌者；操场上，这是健身的地方，也是最容易实施欺凌的地方，由于场地比较广阔，老师看不过来，在操场角落里就容易发生欺凌行为；楼梯上，也是容易发生欺凌行为的地方，因此在走楼梯的时候不要打闹，要按照秩序行走；校园周边的经营场所，有食杂店、游戏厅、网吧等，他们赚孩子的钱，这些地方为实施欺凌提供了屏障。

4.利用一切资源武装好自己

我们要利用好一切资源，武装好自己，保护好自己，主要有两种资源：生理资源和心理资源。

（1）生理资源。生理资源指的是身体素质，如身体强壮、跑得快、跳得高等。欺凌者都是欺负弱小，当我们具有身体优势的时候，欺凌者自然不会找上我们。就算他们找上我们，我们也可以凭借身体上的优势，第一时间保护好自己。

（2）心理资源。心理资源是指我们的意志力、我们对一件事情的看法、我们的态度、自我修复和自我肯定的能力、自尊感等。内心强大的人自信而勇敢，认为自己不能受欺负，应该得到尊重；而一个容易受到欺负的人，他总是怀疑自己，认为自己有错，自己就应该是被人欺负的。这是因为他的心理资源不够，自我支持不足的原因。

除了增强自身的体质外，还要增强心理素质，它能使我们给别人一种"我很厉害"的感觉，这种感觉会形成一种强大的气场，让欺凌者打怵。

（3）社会资源。向爸爸、妈妈、老师或周围的成年人求助，或者通过法律的手段来寻求帮助。

只要利用好这三大资源，校园欺凌自然会远离你。

三、防止被欺凌，多交朋友

1.要给别人一个好印象

在心理学中有一个第一印象效应，就是人与人在第一次交往中留下的印象会在对方的头脑中占据着主导地位，进而影响以后两人的交往。在结交朋友的时候，第一印象很重要，一个无心的眼神，一个不经意的微笑，一个细小的动作，都决定着别人对你的第一印象是好还是坏。我们要想给别人留下好的印象，需要怎么做呢？

首先，微笑要得体。微笑是拉近人与人之间距离的最佳工具，是使人心情愉悦的最好方法，是最有益于人际交往的面部表情。新同学来班里，自己以微笑来打招呼，新同学就会认为自己很好相处。经常以这样的方式对待别人，久而久之，就会受到更多同学的喜欢。

其次，要给人留下一个自信、友好、可爱的形象，这是需要训练的。我们可以在家中对着镜子练习，将自己最好的一面展现给别人。

再次，着装很重要。穿衣能体现出一个人的修养和品位。作为学生，不要穿太花哨的衣服，但是要注意干净整洁，否则会给人一种邋里邋遢的印象。

最后，君子之交淡如水。与朋友交往要保持一定的距离，这不是疏远对方，而是尊重对方，这样才会避免一些不必要的摩擦和误解。对刚刚结交的新朋友，一定不要侵犯他们的隐私。

总而言之，我们一定要给别人留下好的印象，这样无论到哪里都会被别人接受，也就不会出现被欺凌的机会。

2. 要有自己的朋友圈

扩大自己的朋友圈，使自己拥有很多朋友。但是有很多人有社交障碍，他们害怕自己表现不佳，影响自己的形象，不允许自己有一点点不好的表现，常常会想，别人是怎么看待自己的。这种担心像石头一样压在心底，让他们不能在人前自如地表现。这种现象让他们产生了自卑、猜忌、怯懦、排他、逆反、冷漠等心理，这些心理使得他们在交往中与别人形成隔阂，在一定程度上会影响正常的人际交往。如果有机会参加陌生人的集会，一定不要拒绝，这是锻炼自己的一个机会，但前提是确保安全的情况下。

所以，在日常生活中，一定要正确认识自己，要明白每个人身上都有缺点和不足，缺点也是一个人的特点。

3. 真心对待朋友

我们要以真心对待朋友，才能得到朋友的真心。

在与朋友相处时，不要总是谈论自己，炫耀自己。我们结交朋友不是为了证明自己比别人多优秀，如果是这个目的，那就说明这个人内心没有安全感，那就离欺凌者也很近了。与朋友相处，首先要做好一个听众，会听的人比会说的人更受欢迎。

对朋友信守承诺。在任何情况下，对待任何一个朋友，都要信守承诺。当朋友提出要求时，能做到的就答应，不能做到的要实话实说，不要开空头支票。答应了的事情，不管多困难，都要想方设法完成。如果情况有变，实在无法完成，要根据实际情况，向朋友做出必要的说明和解释，求得朋友的谅解。

要替朋友保守秘密。我们交朋友的一个重要目的，就是能够找一个可以倾诉并理解自己的对象，有些话闷在心里实在难受，需要找人倾吐，朋友将隐私告诉我们，我们就要替朋友保守秘密，对谁都不说。朋友将他们的秘密告诉我们，就是信任我们，如果自己实在管不住自己的嘴巴，就要告诉他不要对自己说，否则所有的人都会知道，这样就不会影响双方的情谊。如果你将朋友的秘密告诉了其他人，让朋友知道了，他会感到很伤心，有时还会引起不必要的矛盾，我们自身的形象也会受损，给人留下品德不好的印象。

为人要仗义。与朋友相处要仗义，该承担的绝不找借口，有了荣誉不忘记一起拼搏、努力的伙伴。对别人仗义，别人也会对你仗义。你有困难的时候，你的朋友就会伸出援助之手。当朋友有困难的时候不要当事后诸葛亮，不要事后评论，这是不愿承担、不愿负责任的表现，谁都不愿和这样的人交朋友。

4. 勇于道歉和原谅

与朋友相处时，肯定会有许多摩擦和误解，如果是自己做错了，就要勇于道歉，对朋友说一声"对不起"，不要别别扭扭的，想要道歉又拉不下面子，勇于承认错误的人才是最有勇气的人。

同时我们也要学会原谅朋友。当朋友向我们道歉的时候,向我们说"对不起"的时候,我们要大度地说"我原谅你了"。不要没完没了地抓着事情不放,这样会让对方感到很尴尬。我们原谅对方,自己的心情也会变好。大度的朋友才会受到欢迎。

真正的朋友是尊重我们、包容我们,接受我们的优点,也接受我们的缺点;真正的朋友是公正的,对就对,错就是错;真正的朋友是维护我们的,即使在自己错误的情况下,也能袒护自己。这样的朋友才是真正的朋友。

5. 最简单的结交朋友的方法

首先,请想出一个你欣赏并敬佩的人,他可能是你的家庭成员,可能是个名人,也可能是某个街坊邻居。

接下来,请你想一想你喜欢这个人的哪些方面。他很幽默?他很有耐心?

你可以看看表 4-1,圈出你认为这个人所拥有的五个品质。

表 4-1　一个人拥有的优秀品质

有冒险精神	果断	乐观
有创造力	可靠	外向
友善	慷慨	坦率
有冲劲	忠诚	思想开明
开朗	有耐心	积极
善于听取他人意见	性格内敛	抗挫折能力强
勇于承担责任	敏感	真诚
善于交际	强壮有力	有同情心
宽容	通情达理	

在你所圈出的五个词里面,再挑出两个最重要的。

最后,想一想在身边和你同龄的人中,有没有人拥有你挑出的这两种品质呢?如果有,下一步就是想办法怎么能和他们交上朋友。

你还需要关注一下你的自信水平。你可以列出一些你曾取得的成绩，这可以让你关注自己的积极面，激发你的自豪感，比如，想想你以前在舞台上成功演出的经历等。

第二节　化解欺凌行为的方法

一、冷处理

对某些非肢体的欺凌，如冷落或者排挤等，可以控制自己的脾气，不要因为一时冲动，酿成大错。比如一些学生面临被同学起外号，甚至面临一些校园内的谣言。此时，不宜过分地在意和夸大，更不能用极端的行动来应对，可以尽量避免跟这些"负能量"起正面冲突。可以在事后，将这些情况告诉朋友、家长、老师，共同冷静、理性地商量最佳对策，用合适的方法回击；也可以将自己的精神投入到学习、兴趣爱好或良好的朋友圈活动中去，用优秀的自己吸引更好、更合适的朋友，让自己的生活丰富起来。

二、三十六计走为上

当欺凌行为不幸降临在我们的身上，当欺凌者不幸找到我们，无论我们是什么情况，朋友多也好，身体强壮也好，十分勇敢也好，都不要与欺凌者产生正面的冲突，不要让事件升级。这是因为：

第一，欺凌者有很多同伙，他们不可能单打独斗。

第二，欺凌者是蓄意的，他们已经掌握了你的行动路线，知道你什么时候是独身一人，他会在这时候突然出现。

第三，欺凌者是有预谋的，他们身上会带着像刀子、棍子这样的武器，而你什么都没有。

根据以上几种原因，反抗或与之对抗都是不明智的，三十六计走为上，才是最好的方法。不要激怒他们，以息事宁人的态度，先躲过去再说。一旦发生暴力行为，你肯定是吃亏的那个。

案例

我叫西蒙·伍德菲尔德，今年11岁。我很喜欢上学，因为我在学习上能找到乐趣和成就感，我门门功课都非常好，但是我最喜欢的科目是科学和数学。我成绩优异，由此得到了很多老师的欣赏。当老师们在课上提出很难的问题，全班没有一个人能够答得上来的时候，老师会将我叫起来回答问题，而我也能够给予老师满意的答案。正因为如此，各科老师都格外器重我，给我布置一些难题让我回家做，这可以称之为开小灶吧。

最近这段时间，我会和我的好朋友科林、林赛三人一起到图书馆，为的是完成我们的一个计算机程序，这个程序可以把一个二维物体变成三维的。我们的这一成果还在昨天上课时给全班同学展示了一下。当时我把电脑连接到大屏幕上之后，赫顿老师和一位同学向我提问了一些问题。

到了中午的时候，我依照以往的习惯去图书馆。在经过食堂附近的长椅时，突然我感觉有什么东西重重砸到了我的后背，疼得我书掉了一地。接着有一个男孩的声音说着："对不起。"我看到了地上有一个吃了一半的橘子。我把书和橘子都捡了起来，碰到垃圾桶就将橘子丢了进去。我听到在我身后的他们在笑，我转头看了他们一眼，发现他们嘻嘻哈哈，没有一丝抱歉的悔意。

午饭之后，同样的事情又发生了。这次是一个小男孩"不小心"撞到了我，小男孩双手怀抱在胸前，对我说着抱歉。这一下撞得要比上次严重多了，撞得我差一点摔倒。我感觉自己像是一个笨蛋，因为我不是表面上显得那样轻松，不知怎的让这个男孩再一次笑起来。我不禁扪心自问，我到底做错了什么？能让这群人这样对我。我思索着，快步回到了教室。

下一次我去图书馆的时候，都会叫着我的好朋友结伴而行，这样我就不必独自面对这群欺凌者了。

欺凌总是会带来伤害,如果造成的是情感和身体上的双重伤害,就会更糟糕。一般来讲,避开欺凌者不理他们是非常有效的应对策略。你换个地方做事,不要到欺凌者经常出现的地方去。当然,这实现起来有时会比较困难。那么,你就可以寻找能支持你的人,不要自己再独自面对欺凌者。

三、大喊大叫

当面对欺凌的时候,不要恐慌,要知道自己所处的环境,如果是在人多的地方或是在校园里,一定要大喊大叫,让更多的人关注这里,让别人知道我们需要帮助,这样才能压住欺凌者嚣张的气焰,欺凌者就会有一些忌惮。

但是大多时候,被欺凌者在受到欺凌的时候都喊不出来,这是需要训练的,要克服羞涩的心理,才能在关键时刻喊出来。

值得注意的是,当我们所处的环境没有任何人来人往时,就不要大喊大叫,因为一叫,可能会招致更大的伤害。

四、面对校园欺凌,要适当"反击"

当欺凌者实施欺凌行为的时候,被欺凌者一味地忍让是不对的,这样会使欺凌者更加肆无忌惮、为所欲为。因此,我们要采取适当的"小反击"。

我们所说的"反击",并不是采取与欺凌者一样的暴力形式,而是能起到警告对方作用的反击。如受到推搡的时候,可以躲避,或者顺势借力让欺凌者摔一跤;欺凌者用拳头打你,如果你的力气比他大,能挡住他的攻击,欺凌者就会认为你不好欺负,欺凌行为也会终止。

我们应该正确理解"勇敢"的含义。这里的"勇敢"是说在遭受欺凌时,在不反击的情况下保护了自己,然后寻找别的途径解决,这才是真正的勇敢。

与同学打架，过当"反击"，以显示自己是"老大"，显示自己比别人"强"，这些都会加剧矛盾，使校园欺凌更加严重。

五、要学会向家长、老师求助

在遭受到校园欺凌的时候，一定要告诉老师、家长，这是制止欺凌行为的第一步。

如果认为自己被欺凌是一件难以启齿的事情，或者没有勇气讲述自己的遭遇，可以写纸条告诉他们，或者将这件事告诉自己信任的人，让他们转告给老师或家长。

制止和惩戒校园欺凌行为的最好做法是抓住欺凌者的现行，保证证据充足。为了达到这个目的，最好的方法就是让老师当场抓住正在实施校园欺凌行为的欺凌者

第三节 给欺凌者的建议

一、你是不是潜在的欺凌者

只要没有欺凌者，校园欺凌现象才会消失。通过下面的几个问题，来自测一下，你是不是潜在的欺凌者。

（1）你喜欢嘲笑或讥讽别人吗？

（2）你喜欢看别人害怕的样子吗？

（3）你经常嫉妒别人吗？

（4）你喜欢占有别人的财物吗？

（5）你常常发火吗？

（6）别人出丑的时候你觉得可笑吗？

（7）你想让别人知道你是最"厉害"的人吗？

（8）你报复伤害你的人吗？

（9）比赛中，你能接受失败吗？

（10）你会欺负比自己弱小的人或者小动物吗？

在以上10条当中，如果你有三条的答案是肯定的，那么你就是一个潜在的校园欺凌者。

二、不要将不安全感投放到其他人身上

很多欺凌者都缺乏安全感，总觉得对方是在有意地针对自己。由于他们内心自卑，总觉得所有的事情都是冲着自己来的，是在故意招惹他们，别人吐一口痰，他们都会觉得这是再跟他叫板呢。很多欺凌者都是因为对方吐了一口痰，或者大声地说了一句话，就觉得对方在挑衅他们。这些欺凌者的共同特征是内心没有安全感，他们把自身的不安全感投放到别人的身上。

不安全感是与自身的心理素质相关的。想要得到别人的认可，又害怕别人看穿自己的胆小和不安，这样的心理素质有待加强。拥有这样心理素质的人，他们看到别人的言行很容易紧张，总觉得一切事情都是在针对自己，甚至别人的一句话也会影响自己很长时间。他们的心理不安表现出来的就是易怒，他们害怕别人看到自己的弱小，一有风吹草动就发怒，以此来掩饰自己内心的不安，让别人害怕自己，假装自己很强大。这种欺凌行为就是将自己的不安投放在别人的身上。

三、尊重别人的做事方法

欺凌者要明白，每个人都是独一无二的，都是不可替代的。只是在学校中没有足够的时间和空间来展现自我，如果有一个合适的舞台，让每个人都将自己的才华展示出来，那学校将会是百花齐放、百家争鸣的景象。因此，要学会尊重别人，要允许别人有差异。

每个人的成长经历不同，思想和做事习惯也会不同，要理解这种差异性。如果看不惯别人的不同，就欺凌别人、攻击别人，是不对的，是

不尊重别人的表现。只要别人没有按照你所认为的那样做，就是错误的，这听着就很荒谬。所以，要尊重别人，尊重别人做事的方法。

四、你的欺凌行为早晚会出事

欺凌行为是不被接受的，没有人喜欢欺凌者。对待欺凌现象，学校零容忍，社会零容忍。而欺凌者的父母，他们也不希望自己的孩子是一个被社会讨厌的人。

欺凌行为长此以往地持续下去，就有可能升级，甚至演变成犯罪。根据调查研究，少管所中的犯罪少年，100%有过欺凌/或被欺凌的经历。所以，不要小觑今天的一个小小的举动，如果不加以限制，慢慢就会演变成犯罪。

欺凌行为不是一个片面的事件，无论是对欺凌者还是对被欺凌者都会产生不良的影响。欺凌者这种危险的心态，让他很难适应社会生活，很难在社会中立足。在校园中，对欺凌者的惩罚最严重的就是开除，但是成年之后，这样的行为就会招致刑罚，屡教不改的后果就是将自己送上一条不归路。

五、用其他方式来证明自己的强大

打人并不能证明自己的强大，只能证明自己很野蛮，甚至是无能。

欺凌者很多都有被欺凌的经历，他们知道这种感受很不好，甚至会影响自己的一生。既然这样，就不要将这种自己不愿承受的行为强加给别人。所以，当你是一个被欺凌者时，你就要将这种痛苦在你这里停止，而不要将它再继续传下去。

真正强大的人是不会被暴力传染的。想要证明自己的强大有很多种方法，如参加班集体活动，为班集体争得荣誉；保护同学，帮助同学，为弱小同学多做一些事情等。这种方式不仅能证明自己的强大，还可以证明自己的存在感和价值感。这种方式比通过拳头打人、让别人害怕有意义得多。

内心的强大才是真的强大，通过欺凌别人来获得成就感的孩子，实际内心都是比较弱小的。可以通过一些积极的活动来充实内心，如培养一些兴趣和爱好等。将注意力投注到学习、兴趣爱好上，即使有容易被欺凌的孩子出现在眼前，也不会有要欺凌的冲动。因为，此时此刻，你的内心是充实而强大的，不需要通过欺凌别人来证明自己。

◆ 第五章

学校该如何预防和应对校园欺凌

学校有义务建立完善的系统，保护学生不受欺凌。有些学校对校园欺凌不够重视，认为是小孩子之间的打闹，造成了许多家长和学校的冲突。所以，我们呼吁学校要建立预防和应对校园欺凌的机制和措施，让学校成为学生的乐园。

第一节 教师对校园欺凌的预防与应对

校园欺凌虽然具有一定的隐蔽性，但是只要教师有一定的耐心，总能发现欺凌的蛛丝马迹。

一、教师对校园欺凌的预防

（一）教师要克服的4个观念误区

1. 不要盲目自信

许多教师都会认为自己的学校管理很严格，对学生的纪律也都有严格的考核标准，不会发生校园欺凌的行为。任何地区、任何学校都可能有不同程度的校园欺凌事件的发生，对学校和班级的盲目自信，是导致教师不能第一时间发现欺凌现象的主要原因。

2. 认识欺凌和冲突

当校园欺凌发生的时候，许多教师都不在乎，还认为这是学生自己处理事情的一个机会，让他们自己解决。这种教师是没有认识到欺凌和冲突的本质。虽然教师期待学生自我成长的良苦用心值得赞赏，但是，欺凌和冲突是截然不同的。冲突是平等的，两个人势均力敌，因为偶然的一件事情发生了冲突；欺凌则是蓄谋的、经常的、力量不对等的。教师一定要充分地认识两者的区别。

学生的很多事情都是需要教师帮忙的，科学地引导、疏通和干预并不会妨碍学生的成长和进步，反而会使学生避免遭受伤害。

3. 任何学生都不该遭受欺凌

有的教师会认为一个学生调皮捣蛋，总是惹事，所以其他的学生才会欺凌他，只要他遵守纪律了，变文明了，就不会再受欺凌了。事实上，无论一个学生有多调皮捣蛋，成绩有多差，他都不应该受到欺凌，这是学生作为一个未成年人的基本权利，保护这种权利也是成年人对孩子应尽的义务。

4. 站在学生的角度正视欺凌

学校中发生的事情，教师认为已经解决了，但是学生认为并没有解决。学生的欺凌只有学生才能看得到，因为他们身处其中，所以，要想真正解决问题，教师必须站在学生的角度来思考和观察，才能及时发现问题。教师只有重视校园欺凌，才能预防与及时制止这种现象。

（二）发现学生可能被欺凌的信号

教师可以通过以下几个信号来作为学生被欺凌的参考标准。

1. 预警信号

当一个学生受到欺凌的时候，他的身体会出现反应，生病就是一个比较明显的预警信号。当一个人受到刺激后，为了避免再次发生，他的心理就会暗示自己已经生病了，因为生病就不能遭受到这样的欺凌了，这样的暗示会使身体真的出现不良反应。所以，如果一个学生突然经常生病，那么这个学生可能受到了欺凌。

2. 学生害怕上学

一个正常上下学的学生，突然开始出现迟到、早退、旷课的现象，这是遭受校园欺凌最常见的表现。对于这样的学生，教师不能用纪律规范来看待他，因为他很可能遭受到了校园欺凌。

3. 学生成绩突然下滑

如果一个成绩很稳定的学生，成绩突然下滑了，上课也不注意听讲，作业也不按时完成，也许这个学生遭受到了校园欺凌。出现这种情况，也许还有其他原因，但是不能排除遭受校园欺凌这一原因。

4. 学生衣服破损

一般教师都会认为学生衣服破损是淘气时弄的，但是也有可能是遭受了校园欺凌。所以，教师不能一概而论，要弄清楚状况。

5. 学生丢三落四

学生一会儿找不到文具，一会儿找不到书本，或者书本会出现一些破损等问题，很有可能是他受到了欺凌。因为欺凌者会将他的文具和书本藏起来，或者丢掉。

（三）鼓励学生来报告

教师要鼓励学生来报告欺凌的情况，教师及时知道了，就能及时地干预。教师对待报告的学生，要注意以下三点。

1. 仔细倾听

教师要仔细倾听前来报告的学生，并提问一些细节，如欺凌者和受欺凌者都有谁，地点在哪里，周围都有一些什么人等。

2. 给报告者保密

为了避免报告者成为下一个受欺凌者，所以，教师要给报告者保密。教师应该感谢前来报告的学生，这体现了他们的正义感和责任心。

3. 要十分重视

许多事情发生之后，学生都不愿让教师知道，这是因为有些教师不认真对待，只是把事情草草地解决了，这让学生感到教师并没有帮助到自己，经常这样下去，教师就失去了学生们的信赖。如果是受欺凌者来向教师报告，那么教师就应该更加重视。

二、教师处理校园欺凌的方法

（一）帮助受欺凌者的方法

当受欺凌的学生来到教师面前，愿意将他的遭遇告诉教师时，教师一定要注意以下几点，这对教师发现欺凌现象和保护学生有很大的帮助。

1. 要有耐心

受欺凌的学生身心正处于极度紧张不安中，他们在讲述遭遇的时候也许是一边哭一边讲述，或者是语无伦次，此时的教师一定要有耐心，要鼓励学生，慢慢地说，如果实在说不下去，就让学生平复一下情绪再说，或者第二天再来找教师说。

2. 不要过多地提问

教师提问过多，会给受欺凌学生带来很大的压力。有些问题更不要问，如"是不是你惹到他了""你们不是一个年级的，怎么能碰到一起呢"，这样的问题会给受欺凌的学生一个"这是你的错"的心理暗示，受欺凌的学生肯定不愿意再与你说下去。所以，教师一定不要过多地提问，要尊重学生，给他们话语权，认真听下去，不要用提问来干涉他们。

3. 不要轻易打断学生的讲述

受欺凌的学生在讲述事情经过的时候，教师不要随意插话，因为这也许是这个学生第一次受到欺凌，自己仍然处在惊慌失措中，如果教师一会儿提一个建议，一会儿提一个意见，随意地打断他，容易将这个学生弄蒙了。所以，即使教师有再多的意见和建议都要忍住不说，等学生将整个事情的经过都讲述完之后，在发表看法。

4. 给予信任

任何人都需要信任。当受欺凌的学生来找教师的时候，教师要让他们知道自己是相信他们的话的，不会带着怀疑的态度来看待这件事情。信任是相互的，只有当教师信任学生的时候，学生才会信任教师，才会向教师述说得更多。

5. 询问学生是否需要帮助

有的受欺凌的学生来找教师，他们是想找一个人诉说自己心里的委屈，想让别人知道自己受了欺负很委屈，只是找一个人倾诉，并不需要别人的干预。但是有的受欺凌的学生是需要教师帮助的。所以，教师一定要询问学生需不需要帮助，如果需要，教师才能进行干预和保护。

6. 事态严重的时候一定要寻求专业人士的帮助

如果受欺凌的学生提到自己受到了威胁或者想要自杀，那么教师一定要认真对待，要立即上报给学校的相关领导和专业人士，寻求帮助。

（二）紧急处置欺凌行为的步骤

1. 立即制止

当教师发现欺凌行为的时候要立即采取行动，主要有以下几方面：

（1）要将双方隔开。隔开的不仅仅是他们的身体，还有他们的视线。因为人类的挑衅行为大多是通过眼神来释放和接收的，所以，彼此的视线不接触，情绪就会稍微缓和。

（2）疏散围观者。围观者能够助长欺凌者的气焰，欺凌者希望围观者为他喝彩，这样他的虚荣心、权利感就会得到满足。所以，教师到达现场后要立即疏散围观者。

（3）事态严重要报警。如果发现双方持有棍子、刀等武器，教师就不要轻举妄动，一定要马上找救援。找保安，找学校领导，或者打110，让警察来处理。切忌，千万不要找学生来帮忙。

2. 立即约谈

事件平息后，教师要找欺凌者和受欺凌者分别约谈。在分别约谈的时候，教师要告诉欺凌者，他的这种行为是不对的，教师和学校都会采取行动，全力阻止这样的事情再次发生；教师要告诉受欺凌者，教师和学校不接受任何针对他的欺凌行为，这是不需要理由的。教师要安抚受欺凌者，告诉他这不是他的错，只有这样才能让受欺凌者信任教师。教师要给受欺凌者巨大的精神和心理安慰，防止他有其他事情发生。

等到欺凌者和受欺凌者的情绪都稳定下来之后，教师在将两个人叫到一起，听一听受欺凌者的感受，让受欺凌者大声说出自己的委屈和感受。当受欺凌者诉说完之后，也要让欺凌者说说自己的感受，并要求欺凌者向受欺凌者道歉。

3. 立即见监护人

当欺凌行为发生后，教师要立即找到双方的家长。如果不立即找到，这期间事情也许会被扭曲，会被放大，会被加工，会发生本质的变化，使得事情更加难处理。教师找到双方的家长后也要分别见面。

教师与受欺凌者家长见面的时候，首先要告诉家长他的孩子有没有受伤，如果没有受伤，家长才能安下心来继续交谈。接下来告诉家长事情的前因后果，以及学校的处理办法。教师一定要让家长明白教师和学校一定会保护你的孩子，类似的事情不会再发生。

教师与欺凌者家长见面的时候，首先要告诉家长事情的前因后果，接着告诉他们一定帮助他的孩子改变这种不良行为，要求家长积极配合。

（三）需要坚守的原则

教师在面对家长的时候，要坚持以下几个原则。

1. 禁止贴标签

教师对欺凌者的家长不要说你的孩子品质怎么怎么不好，将来会怎样怎样。在家长心中，自己的孩子是最好的。如果教师这样评价一个孩子，那么家长就会感到很愤怒。所以教师不要轻易下结论，要就事论事，将情况说清楚，既要明白地告诉家长校园欺凌行为是不对的，又要让家长知道教师和学校是相信孩子能够面对和解决这个问题的。教师千万不要将责任全部推给家长。

2. 切忌说大话

教师千万不要说事情不让家长管，而由自己全权负责。教育的事情是需要家长和学校共同来完成的，是需要紧密配合的，更何况是这样冲突的大事情。也许家长索要的结果并不是教师所想的结果，所以教师千万不要说大话，这样会自己给自己找苦吃。因为牵扯到两个家庭，所以教师要与双方密切联系，共同推进事情的解决。

3. 与家长共情

面对受欺凌者家长，教师要站在他们的角度，理解他们，接受他们的情绪。受欺凌者家长是焦虑的、愤怒的、担心的。焦虑是因为害怕孩子受伤，愤怒是因为孩子在学校受到了欺凌，担心是害怕孩子之后还会受到欺凌。教师一定要理解受欺凌家长的感受，并与他们共情，表达出教师和学校会保护孩子的意思。

面对欺凌者的家长，教师也要理解。欺凌者家长会关心孩子会不会受到学校的处分，会不会被班级的同学孤立。教师一定要告诉他们，欺凌行为是不对的，要找到原因，需要家长的全力配合，同学不会孤立他，大家都相信他是一个好孩子，只是还没有找到合适的方法来解决问题。

4. 不推卸责任

教师千万不要因为怕惹火上身，而不负责任地说事情与自己无关，这样会激起家长的愤怒。虽然有的时候教师被冤枉了。但是家长会认为孩子交给学校了，教师和学校就要负责。所以，教师在这个时候推卸责任是不明智的，只会火上浇油。只要教师拿出解决问题的态度，有理有据地与家长沟通，相信大多数家长都愿意配合学校将事情尽快地解决。

5. 绝不徇私，按照规章办事

如果欺凌者实施暴力行为十分严重，已经构成了犯罪，那么教师就应该按照公安机关、司法机关的相关制度进行处理，不能歪曲事实以求对欺凌者的从轻处罚，这对受欺凌者是不公平的。所以，面对校园欺凌行为，一定要做到公平合理，以便对这类事情形成积极正面的教育作用。

第二节　学校预防校园欺凌的措施

为了维护学校校内的安全秩序，营造良好的校风和学风，有效预防校园欺凌行为，学校管理应该逐步强化预防功能，整合学校教育资源，全方位预防校园欺凌行为，构建和谐校园。

一、学校要提高预防校园欺凌的能力

1. 增强校园欺凌预防意识和构建校内欺凌预警监控机制

学校管理者在学校管理中有其管理理念，这一理念取向直接影响学校管理者的管理判断和管理选择，因此，要想转变管理方式，首先要转变管理意识。

（1）学校管理者应该明确管理目的，学校管理的最终目的是教化，而并非惩罚，管理的作用是维护和重构，而并非压制和死守，相对于治理而言，预防侧重于教化，是维护校园安全秩序的最好措施。

（2）学校管理者应该加强业务知识扩充，深入钻研校园欺凌的相关文献，理清校园欺凌的定义、特征、原因、危害以及防治成果，将知识内化为意识，强化防范校园欺凌的管理意识。防范校园欺凌管理意识是构建校内欺凌预警机制的意识前提，所以学校管理者务必有防范校园欺凌管理意识。

校园欺凌预警机制是学校有效预防校园欺凌的制度支持，目前一些中小学校还缺乏制定相关制度的经验，但有以下几种办法：

第一，借鉴国外成功经验。国外对校园欺凌的研究较早，成果丰富，无论是预防还是矫治都取得一定成效。

第二，学校自查，制定校本制度。学校管理者组织学校自查，了解

本校校园欺凌现状，有针对性、有侧重地制定相关政策，使得校内预警机制更贴合本校实际，发挥最优功效。

第三，借助当地高校科研力量。密切与当地高校合作，使其为构建校内欺凌预警机制提供智力技术支持。值得一提的是，校内欺凌预警机制旨在预防校园欺凌行为，校园欺凌行为方式在变化，其预警机制也应当保持其机动性。

2.明确校园欺凌行为及其处理办法并树立长期性预防观念

校规校纪是规范学生行为的制度规范，其具有强制性、示范性、教育性、惩罚性的特点，它在于帮助学生形成符合社会和学校的规范和法律的行为，而非仅仅形成压制学生不良行为的威慑。为了更好地应对校园欺凌行为，应该做到以下几点。

（1）修订一本专门关于校园欺凌的学校规章制度，提升防治校园欺凌在学校管理中的地位，以显示学校管理对防治校园欺凌的重视和对解决校园欺凌行为的决心。

（2）在修订关于校园欺凌的规章制度中应该包含校园欺凌的概念界定、具体行为表现、危害性和防治的必要性、具体违规违纪处理办法、学校成员（包括学校管理者、教职工和学生）对防治校园欺凌的责任和义务、学校对防治校园欺凌的举措等。需要说明的是，其中各项规定应该细化为具体行为、危害等级、处罚办法等，按分级分类实施，不能粗略进行规定，削弱其正式性和权威性。

（3）学校关于校园欺凌的规章制度要广泛公布于学校各类宣传渠道和平台，包括学校网站、学校内部展板、班会、读书会、班级交流群、家长会等，并以此为契机，开展"防治校园欺凌宣传月"等各类形式衍生活动，充分带动学校抵制校园欺凌氛围，促进学生形成对待校园欺凌的正确态度、意识和行为。需要说明的是，学校关于校园欺凌的规章制度不是阶段性应景制度，而是维护学校正常秩序的长期策略，在实际操作中，应该不断加强其教育作用，因时而变，因情而变。

3. 以加强建设学校防校园欺凌文化软实力的学校管理模式

学校管理模式是学校管理者管理学校的框架和模板，学校管理模式的好坏直接影响学校的管理水平和质量，因此，关于学校管理模式的判断和选择对学校的发展至关重要。为了更好地预防校园欺凌，学校管理模式应该更趋多样化和机动化。

（1）明确学校管理模式的理念基础，把学校管理定位于支持和服务，将学校管理的强制性和威慑性作为学校管理的辅助工具，树立非对抗性的学校管理理念，将学校管理模式柔化成自下而上的集智模式，而非自上而下的命令模式。

（2）明确学校管理模式服务于学校管理实体，学校管理模式随学校管理内容改变而改变，预防校园欺凌对于学校的管理者来说，是一项新的工作任务，旧有的学校管理模式不一定适用于防治校园欺凌，所以，学校管理者要时刻保持学校管理模式的多样性和机动性，因时制宜，在实际工作中不断总结和把握解决校园欺凌问题的重点和规律。

（3）加强学校软实力建设，发挥学校人文优势，强化学校人文建设和管理，例如，美化学校宣传栏以传播社会主流文化、增设学校文明标语、张贴主题板报、设置学校墙壁彩绘区、设立多种意见箱和专门网站以收集学生意见等，从多方面构建良好的学校氛围。

（4）学校管理者应该不断尝试新的管理方式和方法，借鉴国内外学校成功管理经验，在此基础上，树立责任意识和创新意识，在实践中不断摸索开发学校管理的新道路，以发挥学校管理的最大功效。

二、学校要发动全员参与抵制校园欺凌

学校必须将抵制校园欺凌的观念传递给每一个人，让每一个人都参与到这项活动中。所有人都应该仇视校园欺凌，让校园欺凌无所遁形，杜绝校园欺凌缩微发生。

1. 全员参与抵制校园欺凌

学校要想预防和干预校园欺凌，就必须发动全校人员都参与进来，

才能获得最好的效果。

（1）以学生为主，让学生自发组织来发挥力量。教职员工从旁协助。

（2）学校要加强校园欺凌和学生自我保护的专业知识培训，用知识将学生武装起来。

（3）学校可以购买服务，借助第三方的力量，让专业机构进驻学校解决问题。学校主要的任务毕竟还是教育工作，不像一些专业机构专注于研究欺凌事件与法律政策，专业机构相对专业一些，处理起来效率高。

（4）加强维权工作，让教职员工和学生面对校园欺凌的解决都有底气。

在学校开展预防和干预校园欺凌，必须让学生参与进来，这是十分重要的一个环节。学校单方面地制定了政策，学生只是被动地去执行，甚至教师都不参与，这样执行起来的效果是很差的。只有学生全员都参与进来，政策真正落实到每一个人，才能确保每一个学生的安全，减少甚至杜绝校园欺凌的发生。

让学生参与进来，就应该让学生知道什么是校园欺凌。只有学生充分理解了校园欺凌及其带来的危害，学生才能更加积极地参与进来。

第一，要让学生自己说出什么是校园欺凌，并说出自己对校园欺凌的看法；第二，学生之间相互探讨什么是校园欺凌，是起外号？还是偶尔的碰撞？或是推你一把？

将学生们的意见综合起来，便形成欺凌的定义。当从学生的视角找到欺凌的定义后，就形成了班级的规则，它就有了新的意义。这样做的办法是最有效的，一方面，规则是每个学生参与制定的，是他们自己总结、归纳出来的，他们能够充分地理解与接收，而且讨论的过程也是学生自我总结、自我约束的过程；另一方面，学生在探讨的过程中给这个规则融入了自己的情感，有了高度的体验和认同后，学生自然就会更好地执行和遵守。

2. 制定"防止校园欺凌"的规则

预防和干预校园欺凌不能只是分享和感受，还要提出具体的解决办法。欺凌者要提出今后怎样克制自己、不欺凌别人的方法；受欺凌者要提出怎样免受欺凌的方法；旁观者要提出怎样做到不围观、不欣赏的方法。只有将这些方法都提出来，所做的才能达到目的，也才有意义。

学校可以将学生提出的规则放到学校专门设置的"防止校园欺凌"的宣传栏中，然后帮助学生落实到行动中，让学生遵守自己制定的规则，并且相互监督。让学生意识到，每个学生都有抵制校园欺凌的义务。

可以参照以下几个细则制定规则。

（1）规则必须是由学生提出来并且确立的。

（2）规则要简单明了地表达出来。

（3）规则的表述要易于理解。

（4）规则要详细明确，不怕多，但是一定要详细，要明确。

（5）规则要每一个学生都同意，并且接受。这点很重要。

（6）规则全员通过后，他就具有了强制力，所有学生必须全都执行。

（7）要与家长、科任教师沟通，得到他们的同意和支持。

（8）每个学生都要在规则上签字。规则是由全班学生制定出来的，签上每个人的名字之后更具有效力，这样能随时提醒学生们约束自己的行动。

值得一提的是，这个规则全校不必统一，各班执行各班的，重点是对规则的执行和落实。

三、让转学新同学无后顾之忧

案例

我是一名转学生，今天是我来到新学校的第一天，一想到接下来将要结识新同学我就很兴奋，迫不及待想要有一个新的开始。

在报道的那一天，我认识了梅格，她带着我游览校园，给我介绍新环境。但是从那次交往以后，我们就再也没联系过。虽然我很希望在正式开学以后,她能够带着我一起玩,介绍她身边的朋友跟我认识。因为她看起来很热心,而且人很有礼貌,我相信她的朋友圈子也应该都是这样的人。

有一天,我远远地看见梅格跟一群女孩儿坐在一起聊天。终于看到梅格了,我想都没想就兴冲冲地跑过去。我看到梅格与那群女孩儿笑得很灿烂,这群女孩儿也一定是非常开朗的人,她们一定非常欢迎我加入。我跑过去的意图很明显,我甚至觉得梅格扫了我一眼,她肯定知道我走过来了,但是却没有做出任何反应。我只得主动跟她打招呼,说道:"嗨!"我站在她旁边跟她说话,但是她连头都不转一下,把我当成空气人,继续与她的朋友们聊天。站在一旁的我很尴尬,于是我又试图叫了一声梅格,这次她理我了,只是快速向我转头,朝我笑了一下,又马上接着与她的朋友交谈。她看起来很不欢迎我,而且也没有要将我介绍给其他人的意思。现在回想第一次认识她的时候,她看起来那么阳光,并且乐于助人,也许只是应付老师的要求吧。

我应该像一个讨厌鬼一样垂头丧气地走开吗?还是厚着脸皮坐到她们身边呢?经过一番心理斗争,我决定坐下,让她们接受我的存在。于是我发现梅格桌对面的木头长椅上还空了一块,我就走过去准备坐下,但是当我刚把午餐盒拿出来想放在桌子上的时候,另一个女孩将她的饭盒推过来占住了地方。

这个女孩儿微笑地对我说道:"对不起,这儿真的没有地方了。"一瞬间,我感觉血都涌向了我的大脑,我的脸变得通红,我感觉到尴尬至极。我抓起我的饭盒掉头就走,边走边劝自己,一定有一个更好的地方能够让我待着。我强迫自己假装毫不在意,但是我的内心却非常在意这件事。这可是我上学的第一天。我的妈妈还在我出门之前说到校的第一天是非常难忘的。没错,她说对了。

对于案例中的"我"想要知晓是否发生了欺凌,可以采用角色扮演的方式,假如有人对你说了那样的话,你会有什么感觉?你听到那些话心里舒服吗?刚来到一个新学校,刚进入一个新环境,对于任何人来说都是一个新挑战。但是请注意,你完全可以先停下来观察一下,顺其自然地结交周围的人,慢慢形成自己的朋友圈。总有些人适合你,等着你去认识他们。

你还可以想一想最重要的事到底是什么,你不用非得和看你不顺眼的人待在一起。

一旦你做出了肯定的判断,就坚持你的决定。你可以跟家人／朋友聊聊你的决定。这些你信任的人会给你支持,让你知道,你做出了正确的决定。

在生活中,许多事并不总会按照你想象的样子发展。进入新环境的第一天并不总是美好的,你可能会有相当糟糕的体验。但绝不会永远这样下去。

你可以首先学着做自己的朋友。积极的自我对话会对你有所帮助。把头昂起来,礼貌友好地对待周围的人,努力把每一天都过得有意义。

所以作为学校来说,一定要做好新同学的入学工作。

预防校园欺凌的一个重要环节就是做好转学新同学的入学准备工作,让他没有后顾之忧。

首先,当有新同学来到班级的时候,教师要事先向同学们介绍新来同学的背景:他从哪里来?那里是一个什么样的地方?有什么样的风景?什么样的文化?什么样的习俗?新同学有什么才华?有什么兴趣爱好?有什么样的需要。这样介绍之后,同学们对新来的同学有了一个大概的了解,对他的到来也做好了充分的心理准备。

其次,教师可以和学生们充分讨论一个新同学到来的需要。让学生们换位思考:如果你是一个新来的转学生,你是什么感受?如果你从一个落后地区的学校来到一个发达地区的学校,你是什么感受?当你面对新的同学、新的老师、新的校园、新的宿舍,你是什么感受?如果你是这个新生,刚来到这个班里,你希望同学们怎样对待你?如果你是这个新生,你希望在班级里获得的快乐是什么?设身处地地换位思考,可以了解到新同学的一些想法和需要。

再次，教师在班级里招募志愿者，这个志愿者在新生来的第一天里全程地陪伴和服务。他负责带着新同学参观学校、参观食堂，介绍学校的文化、老师和校长。以后每天可以换一个志愿者，一直将班里所有的同学全都换完，这样下来，新同学认识了全班的同学，而且都有了接触，心里的安全感和对班级的熟悉感也就慢慢建立起来了。

最后，欢迎仪式的时候，可以让新同学谈谈自己对这个新环境的感受，以及对以前环境的介绍，以方便同学们在与新同学接触的时候，不触碰新同学的伤疤和底线。还可以邀请新同学的父母一起参加欢迎仪式，让新同学的父母了解这个班级对自己孩子的接受，这样家长才能放心地将孩子放在这里，还能更好地配合老师和学校工作。

新同学的到来，绝不是多一张桌子，多一把椅子，多了一个新同学这么简单的事情。学校应该从多个角度制定欢迎新同学的标准程序，这样能快速消除新同学对新环境的陌生感和恐惧感，从而从很大程度上防止了因为转学带来的校园欺凌事件的发生。

四、学校预防校园欺凌需做的教育措施

学校应该积极树立观念，防范校园欺凌，并且将预防校园欺凌的观念和技能，交给每一个学生，让他们都能够积极地应对校园欺凌事件。如果每个学生都能对校园欺凌说"不"，都可以提高防范意识、掌握防范技能，那么学校就能使校园欺凌的发生率降低。

学校对校园欺凌事件的教育，不能只喊口号，还要注重实践性。

1. 生命安全教育

生命安全教育的内容主要是两方面：一是关于对生命的尊重的内容，其中包括对自己生命的尊重，及对他人生命的尊重；另一个是安全教育知识。

2. 设置生命安全教育课程

生命安全教育课程不同于思想教育课，也不同于法制教育课，它有自身的规律性。学校要设置专门的课时，配备专门的教师，对学生进行

生命安全教育。

3. 开展生命安全教育活动

生命安全教育要有可操作性，轻理论、重实践。从幼儿园阶段就开始对孩子进行生命安全教育，以符合少儿认知规律的形式，引导孩子们尊重生命，教给他们如何获取安全知识和技能。

五、铲除校园欺凌的滋生土壤

校园欺凌的发生不是一个偶然现象，不仅仅是家长没有教育好，也不仅仅是孩子性格方面的问题，还有学校存在让欺凌产生和发展的土壤有关。

1. 学校教学内容呆板，不活泼，不生动，无趣

课堂内容呆板，不能吸引学生的兴趣，无聊的学生只好根据自己的喜好去找事情做，于是有的学生就喜欢上了招惹别的同学，为校园欺凌埋下了伏笔和隐患。

2. 学校政策没能落实

学校的生活指导方式缺少一贯制，很多的政策没有得到有效的贯彻执行。

3. 部分学校无意间生产出了一批学业上的失败者

过于重视学业成绩的学校会让某些学生产生挫败感，从而制造了欺凌者。挫折产生攻击，一个学生如果在学业上屡屡失败，在学习上得不到他想要的成就，他就会在其他方面寻找价值感和存在感。欺凌本身就可以获得成就感，这叫作自我肯定性的侵犯，通过侵犯别人来获得自己的价值，这样的欺凌者本身就是学业上的失败者。

4. 学校的指导制度没有发挥出协助教育的功能

一般学校的墙上、展览室、宣传栏等地方都会有学校的指导制度，但是，学生们认为这个制度与自己没有关系，那是学校应该遵守的。

5. 教师之间缺少沟通

教师之间缺少沟通，教育态度不一样，处理问题不及时，没有协调好各方，各行其是。教师缺少团队精神，表面看来是一个集体，但实际上集体意识十分薄弱。这与教育职业本身的特点有关，也与学校的管理有关，如果遇到事情，教师之间很难立即学会合作。

6. 对校园暴力处理不当

校园欺凌发生后，有些时候，学校都会采取大事化小、小事化了的态度，会在私底下处理解决。这样的处理方式，造成了学生相互的耳语，并怀疑学校和老师是否能够真正解决问题，甚至造成姑息欺凌的假象，以至于欺凌事件好像是得到了鼓励。

7. 学校与家长联系不足

欺凌者的家长和老师沟通不够，他们看不到学校在这方面所做的努力，也没有及时配合。当学生有了问题之后，这些家长也没有给予足够的关注和教育，就使问题隐藏了下来。

8. 学校给学生分三六九等

学校没有办法照顾学生的个体差异，经常会有一种不恰当的标记分类，如通过学习成绩把班级分成快慢班、好差班，把学生分成三六九等，这样无形中就制造了他们的差异，也给校园欺凌带来了潜在的风险。

9. 规模小的班级欺凌行为相对较少

心理学告诉我们，人们内心的不安全感跟空间有关。在一个空间里，人口越密集，互相的碰撞交叉就越多，就越容易发生欺凌和攻击行为。有的学校班级人数较多，教师凭借一个人的力量肯定管理不过来，冲突自然会很多，这对孩子的身心发展是十分不利的。

10. 学校无节制地扩大

学校越大，学生就越多，发生校园欺凌的概率就越高。如果一所学校无限扩张，而相关的管理制度跟不上，就给校园欺凌带来了潜在的土壤。

第三节　学校应对校园欺凌的措施

一、学校处置校园欺凌事件应遵循的原则

1. 以救助为主

学校对欺凌者一定要给予严肃批评，认真对待，绝不宽容，绝不姑息。对受欺凌者，学校应该立即组织医疗救助、心理干预、司法协助等。

2. 以惩戒为辅

对欺凌者，学校的总体原则是确保教育挽救的主旨，并在法律的范围之内，予以适当惩处。

3. 要快速反应

校园欺凌事件发生后，救助工作要立即展开。先救人，后疏散，优先救助未成年。

4. 要少说多做

在校园欺凌事件发生后，允许有几小时的沉默，冷静思考对策。对被欺凌者及及其家长，要换位思考，设身处地，为别人想，为孩子想，为家长想，不要说一些不着边际的话，更不要推卸责任。如果推卸责任，将会引起较严重的负面效应。

5. 要诚心悔悟

如果学校管理确实有疏忽，学校要主动承担责任，千万不要推卸责任。校长所说的每一句话都要斟酌。

6. 低调弥补

面对已经发生的校园欺凌事件，学校的姿态要低。如果一开始就把自己摆在厘清责任、据理力争的角度上，反而会很被动。应当主要关注

被欺凌者的利益、被害家长的利益，以及社会的舆论监督。

当然，学校的利益也要兼顾，这就要和家长有效沟通，保证与整个社会以及媒体的良好交流，学校也需要舆论支持。

二、学校对校园欺凌的救助办法

校园欺凌事件一旦发生，学校应该迅速开展救助工作。

（1）学校应该立即启动救助机制，将被欺凌的孩子送到医院，承担医疗费用。聘请法律专家，保护孩子的隐私权、肖像权和名誉权。同时，积极寻求心理学家的帮助、救助和咨询。

（2）在充分调查和冷静的分析和探讨后，学校应该由发言人写一封给全校师生和家长的公开信，特别要向被欺凌者表示慰问。

（3）在学校设立专人，专门的救助电话，负责被害人的咨询和救助。

（4）在学校范围内，利用班会等形式组织学生开展生命安全教育，举一反三，杜绝类似事件的发生。

三、尽可能避免校园欺凌的二次伤害

在校园欺凌发生之后，学校和老师一定要保护好被欺凌者，以免其受到第二次伤害。二次伤害，是指在事情还没有解决好的情况下，被欺凌者又受到了欺凌者的欺凌，或者其他学生对被欺凌者进行指责和质问等。学校要确保当事人的人身安全和心理安全，要尽可能地将事情解决好，不要将事态扩大。

1. 学校要及时关注学生面临的变化和危机

学生的情绪有哪些变化，是越来越消极，还是越来越愤怒，学校和老师要通过观察他的言行，掌握他的情绪变化。或者通过考虑他即将面临的情况，预料他会发生怎样的变化，这是需要学校和教师细心观察的。

2. 学校和教师要给予力所能及的保护

校园欺凌中的被欺凌者也许不是这个班级的学生，但是作为教师也应该管他，不能认为这个学生不是自己班级的，就不管了，而是让他去找自己的老师。作为教师，我们至少要把学生送到有责任帮助他的人那里去，如他的班主任、学校的领导等。

3. 向有关人员报告

这里所说的有关人员，是指对校园欺凌事件有解决能力的领导和老师。当发现学生有异常情况，要及时向有关人员报告，同时立即采取干预措施。接到报告的有关人员要立即制定措施，实施干预，如果干预无效，就要校领导及有关教师共同协商，如何进行下面的工作。

学校应该让视频监控系统全覆盖，不允许任何形式的欺凌存在。如果发现欺凌现象，要惩戒和教育一起进行，必须防止二次伤害的发生。

◆ 第六章

家长该如何预防和应对校园欺凌

第一节　校园欺凌事件产生的家庭成因与改善方法

一、校园欺凌事件产生的家庭原因

（一）家庭教育缺乏

在青少年时期，父母对孩子的教育非常重要。研究发现，父母对孩子漠视，不关心孩子，会导致孩子缺乏同情心，具有攻击性，反之，对孩子太过偏袒溺爱，则会导致孩子自私任性，以自我为中心，遇事容易使用暴力。若父母对孩子采用粗暴惩罚的教育方法，根据社会学习论，孩子会对父母的行为进行模仿，遇事便会想到用暴力解决。波顿（Potton）等人研究发现，在美国黑人儿童校园欺凌中，父母在家庭中采用严厉的、虐待的方式对待孩子，会导致孩子更容易卷入校园欺凌。佛兰瑞（Franrui）等人研究发现，受过虐待或被忽视的儿童因暴力犯罪而被捕的可能性比没有受过虐待或被忽视的儿童高 38%。由此可以看出家庭教育的重要性。家庭是孩子成长和生活的重要场所，对孩子人格的形成发展有重要影响，不当的家庭教育，易成为引发孩子校园欺凌行为的主要因素。

（二）家庭教养方式不当

1. 专制型家庭

在这种家庭中，家长对孩子期望值一般比较高，喜欢采用"棍棒式"教育，且强调子女对父母应该绝对服从，如有不从，就会暴力相加。孩子在这种教育模式下受到父母的"熏陶"，遇事也会倾向于用暴力解决问题，因而在学校中容易出现欺凌行为。

2.溺爱型家庭

现实生活中,很多家庭是 4—2—1 模式,家庭只有一个孩子,家长通常在教育孩子的过程中不懂拒绝,百依百顺,当孩子犯错误时,也不会及时纠正制止,而是过度偏袒放纵,这种家庭培养出来的孩子很容易形成以自我为中心,任性自私的性格,没有是非观念,当他们进入校园后,与同学之间发生矛盾纠纷时很有可能采用暴力解决。

3.放任型家庭

在这类家庭中,父母通常是忙于生计或者忙于事业,对孩子放任自流,孩子因为缺失父母的关爱和陪伴,在家庭中难以体会到情感关怀,转而向社会寻求精神慰藉,容易受到社会不良风气影响,形成自暴自弃、放荡不羁、攻击性强的人格。

(三)家庭结构不完整

家庭结构不完整,即破裂家庭,例如离婚、遗弃、丧偶、夫妻分居、父母双亡等。研究发现校园欺凌者大多来自缺少父亲或母亲的单亲家庭。有学者研究发现来自单亲或继父母家庭的青少年,由于社会化水平较低,因而更容易卷入校园欺凌当中。许多研究者认为不是破裂家庭本身导致青少年出现欺凌行为,而是破裂家庭的家庭功能失调,从而导致青少年卷入校园欺凌。在破裂家庭中,家庭结构被破坏,家庭功能不能正常发挥,父母与子女之间以及父母之间的亲密度低,但矛盾度高。孩子感受不到家庭的温暖,又常常目睹父母之间发生争吵,甚至出现家庭暴力,孩子的人格和行为易发生扭曲,从而容易促使青少年出现校园欺凌行为。

(四)不良家庭环境的影响

(1)家长榜样作用。家长是孩子的第一任老师,孩子从模仿家长开始走向社会。青少年好奇心强,可塑性大,善于模仿,但分辨是非能力和自控力差。因此,父母的错误行为和不良恶习很容易对子女产生暗示和不良影响。倘若家长使用不当手段解决家庭冲突,孩子会将家长的这种不当行为内化成一种自我意识。当在校园中与其他同学发生冲突时,会模仿其家长的行为解决冲突。有学者研究发现有暴力犯罪史或暴力行为的家庭成员以及监护人会对儿童产生非常显著的消极影响。

（2）家庭关系。家庭成员之间的关系既包括父母之间的关系，也包括父母与孩子之间的关系，特别是父母之间的关系，对青少年有非常大的影响。在温馨和谐的家庭中，无论是父母之间还是父母与子女之间都是相互关爱，相互支持，沟通良好，在这样家庭成长的孩子具有阳光向上，积极乐观的健康人格。相反，在关系恶劣的家庭中，夫妻感情不睦，亲子关系紧张，家庭成员之间相互不理解，缺乏有效沟通，自私自利，只为自己着想，互不关心，甚至不断发生争执，纠纷，充斥着指责、谩骂，把孩子当出气筒，孩子在这样的家庭中感受不到温暖和关怀，容易形成自私、狭隘、偏执以及攻击性强的性格。

（3）家庭经济条件。国外学者研究表明，青少年校园欺凌与家庭经济条件相关性很高，大多数欺凌者家庭经济条件较差。家庭经济条件差，不但会增加家长的痛苦和家庭冲突，降低家长提供给孩子的社会支持和情感关怀，而且会导致家长对孩子的暴力行为持更宽容的态度，甚至会鼓励孩子的暴力行为，进而极大提升了孩子卷入校园欺凌的可能性。

二、改善家庭内部影响的做法

（一）改善家庭教育方式

第一，教育要全面。文化教育、道德教育以及法制教育缺一不可。第二，教育方法要得当，既不能过分严厉，也不能宠溺放纵，要给予适当的鼓励和批评。第三，学会尊重孩子，信任孩子，支持孩子的合理想法和选择，不应有自己是父母，孩子凡事都要听自己的想法，父母与孩子应是平等、相互尊重、相互信任和相互理解的关系。

（二）优化家庭环境

第一，家长应是子女的榜样。家长应该注意自己的一言一行，严格要求自己，做到言传身教、以身作则，做子女的表率，起带头模范作用。

第二，每天应有空闲时间陪伴孩子，多跟孩子聊天谈心，耐心辅导孩子功课，倾听孩子在学校发生的趣事或烦恼，为孩子提供足够的情感关怀和支持，让孩子感受到父母的关爱和温暖。第三，夫妻之间应多沟通，遇到问题、矛盾，应先沟通商量，而不是发生争吵甚至家庭暴力，营造一个和谐的家庭氛围。

（三）家校教育相结合

第一，明确家庭教育的职能，配合好学校教育。第二，应与老师、学校常联系，多沟通，以便能及时了解孩子在学校的情况。倘若在家中发现孩子有异常，例如，身上有伤，务必问清楚孩子是不是在学校被欺负，及时向老师、学校反映情况，将家校教育紧密结合。

第二节 "校园欺凌"启蒙教育的重要性

家长应该认识到暴力侵害的启蒙教育的必要性和重要性。孩子第一次走出家门，来到游戏场所娱乐场所，就可能遇到初级的暴力侵害。在孩子成长中的每一个阶段或当孩子来到一个新环境中，他（她）都可能遭遇到"第一次侵害"。

孩子可能在游乐场所遇到第一次暴力侵害。孩子第一次走出家门来到游乐场所，一两岁的孩子去一所小房子里玩儿，结果里边的大孩子就不让他进，还推他，关上门，这是孩子第一次遇到初级的暴力侵害，孩子会感到很委屈。

有的孩子会和别人争斗，有的孩子选择了忍让。一些性格倔强的孩子、身大力不亏的孩子就会和别人去争斗，非要进小房子，非要玩玩具小汽车不行；性格平和的孩子，年纪小的孩子就会选择忍让，更可能自我安慰"自己行为良好"。在孩子们第一次遇到暴力的时候，就会表现出自己的选择。

孩子还可能在上幼儿园时遇到第一次暴力侵害。很多孩子不愿意去幼儿园，有的是因为不愿意离开家，有的是因为害怕新环境；但也有很多孩子，是因为在幼儿园受了欺负，而不愿意再去幼儿园了。家长们需要注意和警惕这样的可能性。有的孩子虽然已经经历了幼儿园阶段，对于欺负和侵害已经有了一定的认识。但是，当他（她）到了所新的小学，面对新的班级和新的环境，遇到新环境中的第一次校园欺凌和校园暴力的时候，依然也可能束手无策。

所以，当孩子们第一次走向游乐场所，第一次上幼儿园，第一次上小学的时候，家长都要给他们事先做好预案，都要告诉他们，如果遇到校园欺凌和校园暴力应该怎么办？这是家长应该准备好的。然而，在实际操作中，绝大部分的家长（超过83%）都没有做这个准备。因比，孩子在初次遭遇校园欺凌和校园暴力时，就往往不知道该怎么办，束手无策，十分被动。如果家长不做前置的暴力侵害相关教育，孩子就要在外面第一次遇到暴力侵害之后，才会认识到原来世界并不是像他（她）在家里时一模一样。现在的孩子2岁之前在家中几乎没有遭受过暴力侵害，甚至连爸爸妈妈的呵斥批评都没有经历过。因此，他们一旦在外面受到暴力侵害，哪怕只是触及侵害的一点点苗头，都会感到很惊愕，不知所措。所以，父母必须对孩子进行暴力侵害的启蒙教育。

第三节　孩子遭受校园欺凌的表现与家长的冷静做法

一、孩子遭受欺凌的表现

若孩子遭受了校园欺凌，家长应当第一时间及时发现孩子的"不对劲"。发现孩子遭受欺凌是一个令人痛苦和十分紧张的经历，作为家长很可能会自然地感到愤怒、狂躁、有负罪感。有些孩子善于隐藏他们的情绪,家长们也许不易发觉他们已经遭受了"欺凌"。笔者认为以下几种情况可能是孩子遭受了校园欺凌或暴力侵害的表现:

(1)突然不想去上学。

(2)装成生病不愿去学校。

(3)带着瘀青、伤痕回家。

(4)衣服被扯坏。

(5)要求补充"不见了的"物品。

(6)丢失钱财(零花钱、餐费等)。

(7)和曾经的好友不来往。

(8)变得心事重重及脾气不好。

(9)变得安静和胆小。

(10)不愿离家。

(11)在兄弟姐妹面前咄咄逼人。

(12)学习成绩突然下降。

(13)失眠。

(14)焦虑。

二、家长应学会的"四会原则"

想要早发现孩子是否受到校园欺凌,家长应当学习"四会原则"。这四会原则具体是:会听、会看、会跟、会谈。

(一)会听

经常和孩子谈谈心,听孩子说说学校的事儿。在这过程中,可能会发现校园欺凌和校园暴力的蛛丝马迹。比如说:孩子不喜欢某个老师、某个同学孩子突然不爱上学了、孩子的学习成绩下降了,都可能是苗头。

（二）会看

孩子放学后，要注意看一看孩子身上有没有一些小伤，是否衣服变得很脏甚至被撕破。这样的查看可以发现校园欺凌和校园暴力的端倪。

（三）会跟

如果发现孩子无端不爱上学，不要紧，在孩子的上学放学途中，你在后面偷偷地跟一跟，说不定就能发现一些恶劣的小团伙在路途中欺负、抢劫你的孩子。

（四）会谈

多跟老师交谈。作为家长要经常到学校里跟老师聊一聊，谈谈孩子最近的学习、身体、思想状况。家长和老师特别是班主任的交流是非常重要的。

第四节　家长如何与孩子"协同作战"

一、家长事后知道孩子遭遇欺凌的做法

若孩子遭受了校园欺凌，作为父母应当第一时间站出来维护孩子的合法权益，成为孩子的坚强后盾。家长与孩子一同反抗校园欺凌的模式大致存在以下几种：

（1）孩子坚决地反击，将侵害方打倒在地，以眼还眼，以牙还牙。家长绝不退让，向学校报告，向媒体曝光，甚至可以走法律程序。

（2）孩子适当反击、还击侵害方。家长绝不退让，向学校报告，向媒体曝光，甚至可以走法律程序。

（3）孩子没有反击，适当忍耐，迅速离开了现场。家长绝不退让，

向学校报告，向媒体曝光，甚至可以走法律程序。

（4）孩子没有反击。受侵害方先找侵害方的家长谈一谈，力图化解矛盾，不要将事情扩大化。

（5）孩子适当忍耐，家长也适当忍耐，将此视作孩子生命进程中的一种学习，不大惊小怪。

（6）孩子适当忍耐，家长也适当忍耐。家长鼓励孩子宽容，远离"危险范围"，并将精力投入到学习和其他爱好中去。

二、家长遇到突发校园欺凌事件的做法

对于严重的校园欺凌和校园暴力突发事件，家长到达现场，要做的事情如下：

（1）立即救助。赶快把负伤的孩子送到医院。

（2）保护现场。可以用手机拍照，留存证据。拍照时要注意现场情况，如：侵害的位置、血迹、凶器。

（3）寻找证人。有可能的话应当迅速录音、录像。

（4）请求帮助。到达现场后，如果家长觉得人手不够，要迅速打电话给亲戚朋友，请他们迅速到达现场进行帮助。

（5）拉警戒线。为避免蓄意破坏现场的行为发生，现场要留人，要拉警戒线。

（6）留存证据。一定要保存好关键的证明。现场的证据，除了为拍摄需求，要迅速地保存好。收集证物的时候，要注意不破坏指纹，如可以用衣服包住证物。

（7）迅速报警。如果认为自己不能控制现场，要迅速报警，拨打110，争取警察的支持和帮助。

三、欺凌事件发生后，家长如何跟学校沟通

凡发生校园欺凌和校园暴力事件，学校一定要承担相应的责任。尽管承担责任的比例不同，学校的责任是不能推脱的。因此，家长在与学

校沟通过程中应当本着尊重对方、依照事实和证据的原则。

（一）家长应当尊重学校，依靠学校

校园欺凌事件发生之后，学生家长因为心情不悦和校方发生冲突甚至打闹，是不对的，也是无效的，还可能对事件处理带来极其负面的影响。家长应当依靠学校，用法律作为武器，而不是使用暴力。

用证据说话，而不是胡搅蛮缠。

家长应恰当选择证据，如果选择不当，反而对自己不利。我国的古书《洗冤录》的开篇，就是作者宋慈的一句名言"失之毫里，谬以千里"。家长和学校之间进行对话和谈判的时候，证据必须要保证绝对的真实、准确。

（二）坚持自己的诉求

如果校园欺凌事件构成了刑事犯罪，就要依法给予惩处。做到有法可依、有法必依、执法必严、违法必究，在法律面前不允许有丝毫的含糊。

（三）不能得理不让人，更不能漫天要价

处理事件应当适可而止，留有余地。既可以彰显出家庭的修养，也是为孩子将来在这个环境里继续学习消除隔阂。

第五节　被欺凌者家长与欺凌者家长互通交流

当孩子在学校受到校园欺凌的时候，家长应该第一时间看望孩子伤势，判断事件性质恶劣程度。若事件的恶劣程度没有很严重，双方家长应秉承大事化小，小事化了的态度，不要撕破脸皮，将整个事情置于无法挽回的局面。尽量让同学之间握手言和，争取让他们在日后的相处中，做到和谐相处。

被欺凌者家长与欺凌者家长互通交流，需要掌握以下技巧：

（1）要认真做好调查研究，用证据说话。争取侵害方的家长主动承担责任，承认己方在道德上的错误。

（2）要以孩子为重。事件的主体是双方的孩子，他们也许是同班同学，也许今后可以转变成为朋友。侵害方家长可以到医院里诚意认错，承担责任，并表示慰问，给孩子买点儿小礼物等，让受害方看到侵害方家长处理事件的诚意和对受侵害的孩子的关心，这样更有效果。受害方也可以接受对方的道歉，在今后的接触中宽容地接纳对方，这样的处理方式对双方的孩子都有正面效果。

但倘若侵害方的家长不承认错误，不愿意负责甚至恃强凌弱、仗势欺人的话，那么受害方也要做好最后诉诸法律的准备，不要一味忍让。总之，要做到有理、有利、有节，争取舆论的支持。

◆ 第七章

社会工作介入干预校园欺凌

第一节 社会工作介入防治校园欺凌的价值理论基础

一、认知行为理论

最初,认知疗法和行为治疗被引入社会工作领域时,是两个不同的理论方法。随着实务工作的不断开展,发现将这两者融合后的服务效果更佳,因而形成了现如今的认知行为理论。认知行为理论是一种包括综合评估和改变行为、想法和感受,缓解案主精神焦虑和功能失调的理论。该理论强调在改变认知和行为的服务过程中,聚焦的是问题本身,而非案主自身,体现了案主和社工的平等地位。认知行为理论认为案主的问题是由想法、感受和行为三者的不良互动造成的。想法、感受和行为它们三者本是一个有机协调的系统,但是人们在从事各种社会活动时,会由于各种因素而对某些情景做出固有的反应,这些反应是通过长期的认识积淀的,一旦这种认识和想法本身是错误的,那么案主仍旧会按照认知做出行动,并且察觉不到这样做是存在问题的。所以,要改变案主的行为,首先应该将原本沉淀的固有认知推翻,建立全新的正确认知,才能在根本上让案主接受并从行动上做出改变。

在介入预防校园欺凌行为的研究中,认知行为理论应用的目标是用积极可接受的观念去取代消极的旧观念,即打破过去人们对校园欺凌存在偏差的认识,对它进行正确的阐释,进而在行为上杜绝该现象。对于"潜在高危"的人际关系不良的学生,认知行为理论既要修正他们的行为,也要改变个体的认知。针对服务对象是处在变化中的青少年这一情况,要认识到他们的认知不是一成不变的,通过理论和实务的结合可以更顺利地让他们学习改变。

二、理性情绪理论

理性情绪疗法的理论主要包括三个方面：首先，是关于人类个体的本性，理性情绪理论可以介入的角度；第二是 ABC 人格理论；最后是非理性信念及其特征。其中，最重要的就是艾利斯的 ABC 理论，它同时也是认知理论的重要组成部分之一。其中 A 代表了引发刺激的客观事件或态度，C 是个体的情绪和行为所表现出的反应和结果，该结果可能是积极的，也可能是消极的。但是 A 并不是作用于 C 的直接因素，因为 A 本身具有客观性，所以导致 C 的很大程度的原因在于 B。B 指的是个体对于客观事实的态度，即情绪反应。简单来说，就是不同的两个人，面对相同的情景，持有不同的情绪，导致的结果可能也大相径庭。所有持有理性情绪是非常重要的，尤其对于青少年这个容易冲动的群体，树立理性信念对他们的成长非常有帮助。

当进行有计划的介入时，需要一个战胜不合理信念 B 的正能量信念 D，D 会直接导致 E 的出现，E 正是我们需要的全新的结果。在本文中，研究主要针对人际交往不良的孩子战胜他们的非理性信念，取得良好的交往能力，促进学生之间的和谐关系，以达到预防校园欺凌行为的目的。

三、人际需要理论

人际需要理论是由社会心理学家舒茨提出的，他强调人际需要不是简单的一大类，而是包含了三个层次的，即包容需要、支配需要和情感需要，只有这三个层次的需要都得到满足，个体的人际需求才能达到最优平衡点。人际需要理论体现出了个体与个体、个体与环境之间的互动，如果个体一直处于单一孤立的状态，与其他个体以及环境之间缺乏联系，那么它很快就会走向崩溃的边缘。该理论中的包容指的是容纳他人，个体有和他人建立良好关系的需求；支配需要指的是个体之间的彼此需要，彼此互助，希望有一个人可以被自己支配，有时会涉及权利和利益关系；情感的需要是个体本能的需要，每个人都有爱和被爱的需求，这里的爱指的是广义层面的爱，不光是亲友之爱，还有被社会需要的爱。这三种需求交织在人的成长过程中，是决定个人人际交往方式的重要因素，它们受到个体经历影响极大，因此有一些早期受到不良影响的孩子会在人际交往方面有所缺失。新弗洛伊德学派的沙利文也认为亲密关系是青少年发展的重要推动力。笔者认为校园欺凌的本质就是人际关系的不和谐，因此，该理论从人际关系的角度去解释青少年的适应问题，对社会工作具有重要的启迪意义。

第二节　社区工作介入防治校园欺凌的方案与实施

　　由于笔者对青少年的研究有极大的兴趣，因而将社区活动的单位选择在了 X 中学。虽然，大部分的老师和学生更多地把精力投入到文化课的学习中，但是有少数的被卷入欺凌行为的学生，校园欺凌不但阻碍其自身发展，还给其他未卷入欺凌行为的大多数学生带来了极坏的影响，甚至已经影响了学校正常的教学秩序。从一个学校管理者的角度出发，不仅要让老师以及管理人员投放更多的精力在类似的校园欺凌行为上，时刻警戒安全隐患，还要让警惕校园欺凌的意识在学生群体中广泛传播开来。因此，从该意义出发，笔者决定运用社会工作的专业方法来及时预防 X 中学的校园欺凌行为，从而有效避免 X 中学校园欺凌行为的发生。

第三节 X中学预防校园欺凌行为情况分析

一、X中学校园欺凌行为情况问题分析

（一）X中学学生对校园欺凌行为的界定不清晰

同样的行为，有的可能是校园欺凌，有的可能只是同学之间开玩笑或者偶尔吵架，在判断是否是校园欺凌时存在一定的难度。在实际工作中，有的教师也会误将校园欺凌当成学生之间的吵架或者玩笑，认为同学闹矛盾或者吵架在所难免。比如，同样是"猪"这样一个绰号，如果一名学生是恶意的取笑另一名学生，且让对方感受到了攻击性而因此感到沮丧、自卑，则该学生的行为就构成了欺凌；而如果是关系密切的同学之间，此类称呼是大家心照不宣的昵称，并没有给对方造成伤害，那就另当别论，自然不属于欺凌行为。

在对X中学学生进行调查的过程中，当笔者问及"你认为校园欺凌与以下哪几项行为难以区分"的回答中，可以看出学生们对于校园欺凌的界定不明晰，对欺凌行为与玩笑、冲突以及暴力行为难以区分。

（二）X中学学生对校园欺凌危害的认识较浅

校园欺凌的危害事实上是一场连锁反应，欺凌事件处于中心位置。第一层，受欺凌者存在情绪低落、沮丧、不安等消极情绪或者身体受伤；第二层，家长、监护人愤怒，旁观者目睹以后感到害怕；第三层，其他学生和家长听说此事，感到学校不安全；第四层，社会形成该学校不安全的认识。

然而，X 中学的学生对于校园欺凌的危害认识却远没有这么深刻。根据调查显示，在校园欺凌中，学生们认为校园欺凌的危害主要是对于被欺凌者而言的，容易造成被欺凌者产生心理上的阴影以及学习成绩下降等问题。至于欺凌者，大多学生认为，欺凌行为对于欺凌者没有实质性危害，只是可能会在事情暴露后接受警告和惩罚而已，如果事情的性质不恶劣，根本不会对欺凌者造成影响。受调查的学生们基本上忽略了欺凌行为对与事件相关的第三方（即旁观者、父母、学校）的影响，更忽略了欺凌行为对社会层面的危害。

（三）X 中学学生处理校园欺凌行为的能力较弱

当欺凌来敲门时，不管是自身被欺凌还是看到别人被欺凌，很多同学可能都会感到恐慌，不知道应该选择何种方式来应对欺凌行为。通过调查得知，X 中学的学生在看到他人被欺凌时，91.8% 的学生都会选择积极应对的方式，说明他们潜意识里认为遇到欺凌行为一定要勇敢反抗、积极应对。但是，同样的情况如果欺凌者变换成自己，选择积极主动应对的学生只占 60.9%，直线下降了 30.9%，而且，还有三分之一以上的学生选择了默默独自承受。这说明 X 中学的学生对应对和处理欺凌行为的方式还不甚清楚，处理校园欺凌行为的能力较弱，在欺凌行为上区别看待自己和他人，一旦真正遇到欺凌行为时，很可能造成不可挽回的后果。

二、社区工作介入前的准备

在社区工作中进行的首要步骤就是认识和分析社区，在上文笔者已经对 X 中学的基本情况作了分析。在此基础上，我们正式进行工作介入。社区工作实务开展是否成功的最初标准就是衡量社会工作者和社区之间联系的亲密程度，因此，与该学校的学生、老师等建立专业关系成为介入初期的关键所在。专业关系的建立是一个双向的过程，是以目标为指向性的，一方面社会工作者向学校介绍可提供的服务、让他们对社工产生信任感并接纳认同社会工作者,调动学生们参与的积极性;另一方面,还可以增强社会工作者对学校和学生们的理解和认识。面对全校学生这一数量庞大的群体,建立关系不可能开展个别性的接触,因此选择群体基础上的建立,让学生们知道社工的存在,了解到有活动的开展。

(1)做好宣传工作。因为学生对社会工作者可能会不了解,从而产生抗拒和距离感,所以要想建立信任感就需要社区工作者多出现在学生的面前,多和他们沟通交流。在学生们的课间休息时间,进行各个班的入班宣传,同时还可以利用学校的宣传媒介,比如在食堂和教学楼的电子显示屏上打出宣传社会工作的标语,让学生们知道社会工作者要在校园内开展活动。紧接着,在校内开展了一个"社会工作进校园"的交流会,让学生们初步了解社会工作是什么,引发学生们的兴趣。

(2)链接各方资源。社工进校园开展活动的目的是帮助该中学学生预防校园欺凌行为,需要学校提供一些帮助和支持。在社区活动中,需要学校的政治老师、班主任、心理辅导老师,以及政教处一些老师的帮忙。

(3)合理规划活动。社工的角色和宣传方面已经到位,那么就要为开展活动做合理配置。在经费方面,开展社区工作活动主要集中在预防宣讲活动,成本较低,可向学校申请一些赞助;开展时所需的工作人员,主要由社工作为主持者和讲解者,由班主任们引导和维持活动秩序,此外还从学生中招募志愿者辅助活动开展;活动场地选择可以容纳全体师生的学校的学术报告厅或备选学校的操场。

三、社区活动目标与实施计划

(一)社区活动目标

社会工作介入预防校园欺凌行为是从服务对象本身需求出发的,社会工作者将参与该活动的学生划分为所有学生群体和"潜在高危"学生群体。本活动欲利用社区工作方法对所有学生进行普适性的预防教育,以达到"面"的覆盖。具体目的为：①促使 X 中学学生对校园欺凌行为形成正确的认知观念，了解其危害。②提升 X 中学学生预防和应对处理校园欺凌行为的能力，让他们学会相关知识和技巧。③加强学生之间的联系，与人为善，共筑和谐友爱的校园环境。

（二）社区活动实施计划

1. 反欺凌手抄报

校园欺凌事件在附近校园的频发，不仅给受害的学生带来了严重的心灵创伤，甚至给 X 中学学生们的心理留下了一些阴影。除了学校对学生安全的监管之外，学生们更应该学会预防危险和保护自己。因此，在开学之际，社工组织全校初中生以手抄报的形式，搜集关于校园欺凌的相关事例，以及如何应对和预防的知识。

手抄报这种学校中常用的宣传学习方式，作用极好，它既可以供同学们分享、传阅，也可以张贴在教室或者宣传栏内，比起黑板报来说，学生参与的范围度更广，还可以进行评比来调动学生的积极性。为期五天的时间，让学生们在搜集、设计、互相学习以及张贴的过程中对校园欺凌行为有自己的理解，在活动过程中，学生们是站在主动的位置上，可以自发地理解反对校园欺凌的益处，以及遇到校园欺凌时如何应对。因此，在应对和预防校园欺凌事件中，它可以起到极好的作用。

2. 国旗下的讲话

作为一种宣传方式，国旗下的讲话一般在学校的每周升旗仪式后进行，因此，笔者决定利用这一环节，对初中生开展校园欺凌的预防和应对宣传教育工作。通常时间选择在学生们开学的第一个周一，学校举行升旗仪式。该次活动主要是先在全校范围内征稿，挑选出优秀的稿子，由作者在升旗仪式后宣读，发言者由校园欺凌现象对学生的危害展开，叙述了一些社会影响比较大的校园欺凌事件，采用故事的形式，举例说明远离校园欺凌的好处，强调与人为善、宽容待人的重要性。在学生宣讲的过程中，引起了其他的学生们对校园欺凌行为的强烈探讨。

3. "反校园欺凌、建平安校园"主题宣讲会

主题宣讲会指的是以全校师生为单位的活动或者会议。用宣讲的方式开展预防校园欺凌行为活动，优势表现在以下两个方面：第一，它可以通过有限的次数对全体学生进行教育和管理，效率比较高；第二，可以增强学生们的主动性，让他们在宣讲中感受到自己是学校的主体，通过宣讲在之后的行为中做好自我管理。

在 X 中学中，笔者开展了以"反校园欺凌、建平安校园"为主题的宣讲会。宣讲会过程主要分为五个阶段，第一阶段为走近校园欺凌，第二阶段为校园欺凌产生的原因分析，第三阶段为校园欺凌带来的危害分析，第四阶段为如何预防和应对校园欺凌，最后一阶段是进行总结和呼吁。

第一阶段，走近校园欺凌。这一环节首先让初中生就其平时听到的校园欺凌行为和案例进行探讨。然后，社工对大家的讨论进行引导和归纳，之后引出社工要强调的校园欺凌的概念。通过 PPT 幻灯片播放校园欺凌的一些案例，主要向同学们阐述暴力、玩笑、冲突和欺凌的区别。

第二阶段，分析校园欺凌的成因。主要从学生自身、家庭因素、学校因素、社会因素以及法律因素五个方面展开分析，让学生们深刻理解这种不良行为的归因，让大家知道这种行为不仅是个人行为，可能是多方因素导致的。

第三阶段，利用多媒体。播放关于校园欺凌的新闻片段，让学生们通过视频直观地看到校园欺凌行为对欺凌双方和旁观者们所产生的危害，让同学们探讨，还将欺凌行为牵涉的人分类介绍，展示欺凌者、受害者、协助者、附和者、保护者和局外人的不同心理。

第四阶段，分类总结，本阶段是整个活动的重中之重，关于校园欺凌的预防方面，社工总结出了校园欺凌易发的时间和地点，让学生们注意。之后，社工把关于校园欺凌行为的各种典型性情节进行分类，让同学们讨论不同情形应该怎么应对处理，帮一帮这些案例中的主人公。主要包括不能怕字当头，要及时报告，搞好人际关系以及慎重择友这几点，

同时还有注意平时的个人习惯，在性格品行上也要有意识地进行自我挫折教育，培养自己自信坚强乐观的性格。如果真的遇到校园欺凌行为，决不能忍气吞声、选择沉默，更不能以暴制暴，应当学会寻求帮助。

宣讲活动的最后阶段，学校社工强调，校园欺凌行为实际上是人际冲突的极端表现。这种不良的互动体现的是学生之间缺乏沟通、尊重、理解、支持的现状，青少年在社会化的过程中应该加强对自身人际关系能力的训练和提升，加强自己作为学校成员和班级成员的集体感、归属感和责任感。只有与同辈群体形成互相支持、互相包容、互相学习的良性人际关系网，构建出温馨和谐的校园环境，学生们才能无忧无虑地共同成长和进步。

宣讲结束后，社工还专门强调学生们还可以私下向社工进行请教。当学生或者身边的朋友遇到校园欺凌行为，自己实在不知道该怎么办时，不要害怕，社会工作者永远为你们敞开怀抱。同时，希望学生们可以拿起预防欺凌的水将蓄意欺凌的火焰彻底浇熄，保证在以后的学习和生活中，不做有欺凌倾向的人，不看有暴力因素的杂志，不玩有暴力色彩的游戏，不看有暴力画面的视频，做健康、文明、阳光的新时代初中生。最后，对全体同学呼吁，让大家争做反欺凌小卫士，监督班级的其他同学杜绝欺凌行为。

四、社会工作介入预防校园欺凌行为的经验总结

（一）发挥服务对象的主动性

在本次社会工作介入预防校园欺凌行为的活动中，是以服务对象学生为出发点的。活动中充分体现了学生的主体地位，有利于调动和发挥学生们的积极性。在社区活动中，用出手抄报和国旗下的演讲两个环节，让学生们意识到自身可能会是卷入校园欺凌行为的主体，所以先让他们自发地去收集反欺凌的相关知识，更有利于他们理解其意义，比直接被动接受效果更好；之后进行全校的预防欺凌宣讲会时，学生们也因为之

前已经有所了解而对话题更加感兴趣，讨论度也更高，最后对他们之前自己摸索的知识进行一个整合梳理，可以加深学生对这一主题的理解。活动结束后的反欺凌小分队的呼吁和招募，也是发挥学生主动性的最好体现，让学生真正意识到自己是学校的主人，有义务和责任维护校园安全，促进校园和谐。

（二）强调运用社会工作专业技巧

在开展活动过程中，始终要贯穿好社会工作的专业技巧，以促使介入活动获得最佳效果。建立关系时，需要做到尊重、接纳和关注服务对象；看待每一个服务对象时都应该是无差别的；活动进行中不光要做好整体的主持和领导，还要善于观察，观察不同环节每个服务对象的表现，需要多个工作人员共同协作；在活动分享环节要善用聆听、鼓励、支持、保护等技巧；对于活动偏题的情况，要及时聚焦，避免脱离议题；必要时还可以给服务对象一些奖励和赞扬，增强学生的自信心，促使学生更加上进。从始至终社工都应发挥好示范者、调停者、促进者、支持者的角色。

第四节　社会工作介入防治校园欺凌的措施

一、"校""社"联合

近年来，学校和社会各基层部门的联合不断加强。预防校园欺凌的措施也应该制度化，纳入学校管理体系中。由于学校的各项工作的开展是由教育部统一指导的，因此在校园欺凌问题上，教育部门也应该始终重视，无论社会舆情关注度是高还是低，对此问题做到常抓不懈。

社会各基层部门应该主动为学校链接资源，请专家或警官去学校普及预防欺凌知识,并在学校成立专项反欺凌小组,让这项工作成为保障校园安全的常态化工作。学校内部在社会治理的要求下,应当将原有门卫制度升级,对出入学校的陌生人员严格把控,实行一人一证件的入门制度,避免外来人员欺凌的可能性。在学校内部,设置安保巡逻小组,对学校内部尤其是比较偏僻的角落进行全天轮班式巡逻,不给欺凌行为提供一丝一毫的机会。还要和社会有关部门联合打击学校周边的不正当经营场所,包括黑网吧,有赌博机的游戏厅,贩卖黄色暴力情节书籍和视频资料的摊贩,将这些可能引起暴力倾向的黑种子扼杀在摇篮里。

最后,共同呼吁校园欺凌立法成为预防的最关键一步。我国未成年人的犯罪成本较低,尽管出台了一系列预防校园欺凌的决定,但是从根本上仍缺乏法律的约束,现有法律框架对于校园欺凌的惩戒多为事后补救体系,事前的防范体系尚未建成,要尽快弥补相关法律的空白。

二、"社""社"引导

这两个"社",一个代表社会,另一个代表社会工作。显然,社会工作是为社会提供服务的,社会理应积极引导公众认识、了解社会工作。学校社会工作在我国的起步也较晚,但是传统意义上的相似工作系统却一直存在,比如学校内部的共青团、学生会、兴趣小组、德育或心理咨询等。这些准学校社会工作为学校的教育建设建言献策,在思想上和社会保持了高度一致,但是却缺乏专业的手段。美国的教育学家凯雷曾说过学校社会工作者必须是"通才",因为学校社工需要给学校内的服务对象提供直接服务,还要做团体领袖,开展社区活动等,因此学校社会工作是专业性、科学性、实践性、艺术性集于一身的专业服务。我国不应加大"一校一社工"政策的落实,在中西部等落后地区更需要这样的专业服务。

此外,学校社会工作的社会互动模式对预防校园欺凌行为具有重要的启迪意义。传统的治疗模式强调"校"和"家"的互动,学校变迁模式强调"校"和学生的关系,而社区学校模式则突出的是"社"和"校"

的关系。以上三种旧的模式已经被社会互动模式所囊括，它从更加全面的视角出发，协调好了"社""家""校"和学生的关系，对今后的学校教育和管理制度提供了新视野。

◆ 第八章

我国反校园欺凌的立法研究

第八章 我国反校园欺凌的立法研究

第一节 校园欺凌立法的必要性

"立法是对权利资源、权力资源以及其他有关社会利益,进行法定制度性配置的专门活动,立法也是对个人和组织在国际生活和社会生活中的义务或责任的法定制度性确定。立法还是对所有社会主体的社会行为和社会自由的范围所做的法定制度性界定。"[①] 教育立法是立法的一个重要分支,制定完善的教育法律是教育事业健康发展的基础。校园欺凌立法针对校园、学生、教师等人员发生的法律关系,因此也属于教育立法之一。

校园欺凌立法应从广义和狭义两个层面进行分析,首先,广义上的校园欺凌立法泛指一切国家权力机关及其常设机关针对校园欺凌问题制定的一切法律法规,不仅包括人大制定的法律,也包括国务院及其国务院授权的地方行政机关以及地方权力机关制定的一系列法律文件;狭义则是国家最高立法机关即人民代表大会及其常设机构制定并认可的校园欺凌的法律文件,法律层次、效力及位阶最高。

首先,从形式上来看,广义的校园欺凌立法机构较多,只要是国家权力机关都可以制定,立法形式外延较广,如涉及校园欺凌的条例、决定、规定、命令、纲领、实施细则、办法等都属于广义的立法形式,这些法律文件一般归为政策范畴,且法律效力和法律位阶较低。而狭义的仅指国家最高立法机关即人民代表大会及其常设机构制定的法律文件,通常

---

① 周旺生:《法理学》,北京大学出版社,2008,第165—166页。

呈现以"法律"的形式，层次、效力高于命令、纲要、决定等形式。

其次，从实质上看，广义的校园欺凌立法更多地属于法理学中的教育政策一类，因为其形式多样，且需根据实际情况及时进行更新和修改，且不同地区或根据不同的实际情况制定适合于本地区的法律文件，因此随意性较大，且调整较多。而狭义的校园欺凌是国家最高立法机关及其常设机构制定且认可的，它调整的是重要的法律关系，具有稳定性、确定性和强制性，一般不随意更改。

由于研究限制，本文的校园欺凌立法以狭义的校园欺凌立法为研究对象。此外，我国目前尚未有专门的校园欺凌法律，因此，本文针对我国校园欺凌立法内容探讨包括对我国其他法律中涉及校园欺凌的立法内容的探讨。

第二节　校园欺凌立法内容

校园欺凌立法内容属于校园欺凌立法的范畴，立法学作为一门独立的法学学科是以立法现象及其发展规律为研究对象的学科。因此，立法内容研究的理论与实践是在立法学研究的基础之上发展起来的。徐向华教授在其立法学著作中认为"立法学研究涵盖立法原理、立法制度及立法技术三大研究范畴"[①]。纵观学界针对立法学的著作及文献，不外乎认为立法学体系由立法原理、立法制度及立法技术三大范畴构成：其一，立法原理涵盖立法的概念、立法决策、立法原则等；其二，立法制度包含立法主体、立法体制、立法程序、立法解释、立法效力及立法监督等；其三，立法技术则研究重点为法律文本的设计、表述等。

由于校园欺凌立法内容的研究、校园欺凌立法内容的构建总是在立法

---

① 徐向华：《立法学教程》，上海交通大学出版社，2011，第1—5页。

学这一学科研究观点与发展规律的指导下进行的，因此笔者认为立法学是校园欺凌立法内容研究的理论基础，因此，本文将结合法理学的相关理论和立法学的理论来具体分析校园欺凌立法内容研究的内在发展规律。

第一，立法学的首要研究范畴是立法原理。立法概念的科学确定有助于指导立法实践。如果无法规范立法的内涵与外延，以及立法的决策，则对于立法的调整范围的界限、立法活动的性质等问题出现众多争议。立法的原理包含校园欺凌的立法观念，应体现在校园欺凌法律的总则上，在总则上给予规范。在这一层面上还需注意立法指导思想的作用，立法指导思想作为立法的思想准则，侧重于对立法者思想的指导，校园欺凌立法内容的制定上应树立正确、科学的立法观念。此外，立法原则也指引着立法主体对现存其他社会规则和旧法的取舍、改造，以及根据执政者意志和社会需求进行新法的创制。立法原则系统反映着执政者或立法主体对社会实行法律调控的意志和构想，并直接贯穿于法律规范的形成过程，使立法活动沿着有利于执政者的方向发展。因此，校园欺凌的立法者在立法内容上要联系并调节不同的法律部门、法律制度和法律规范，使校园欺凌立法与其他法律保持内在的协调统一。

综上，立法原理的观念体现在校园欺凌立法内容的总则上，应包含以下事项：校园欺凌的内涵、校园欺凌的性质、校园欺凌立法的原则、校园欺凌立法的目的、校园欺凌立法的适用范围；其次是立法的观念体现在立法内容上，校园欺凌的立法观念涉及立法原则等方面的问题，立法者在校园欺凌立法问题上应对校园欺凌事件有相对理性、科学的认识。

第二，校园欺凌立法活动是为了保障不同的群体在校园欺凌事件中能够得到有效的教育、可靠的保障、一定的惩罚及后续的辅导，因此这种相互作用的关系包含主体、客体及中介三大要素。校园欺凌立法内容在分则上应包括校园欺凌行为的预防、各主体的权责、各主体的法律责任及相应的救济程序。

第三，法律文本的设计。立法学针对法律文本的设计和结构作了深入的研究，校园欺凌立法内容的研究与法律文本的设计关系密切。法律文本的设计是一个过程，主要包括立法目的的确定、立法条件的分析、立法调整范围和程度的明确以及具体法律方案的设计等主要环节。立法学中关于法律文本设计的研究对校园欺凌立法内容的研究具有不可忽视的重要作用。

综上所述，笔者认为校园欺凌立法的内容体系应该包括：① 校园欺凌的含义。② 构成要件的含义。③ 校园欺凌立法目的。④ 校园欺凌立法的原则。⑤ 校园欺凌立法的适用范围。⑥ 各群体的权利与义务。⑦ 校园欺凌行为的预防。⑧ 校园欺凌的自我防范。⑨ 校园欺凌犯罪行为的预防。⑩ 校园欺凌的法律责任。⑪ 避免报复、诬告或陷害的保护措施。⑫ 法律救济。

第三节 我国校园欺凌立法内容框架

针对我国校园欺凌立法内容现状之不足，防治校园欺凌事件虽有所述之规范与行政规则，但校园欺凌事件仍频频曝光，显露出我国防治校园欺凌之机制在制度上仍有不完备之处。本文从法制面出发，探讨现行的法规是否可以有效处理校园欺凌问题，认为校园欺凌立法目前是解决校园欺凌事件刻不容缓的重要措施。

一、总则部分基本立法内容研究

（一）立法目的

1. 欺凌一词，必须使用于法案、法律、法规的正文中

解决欺凌问题的关键，首先须定义何为欺凌。针对美国某些州的反欺凌法律的正文中，使用"仇恨犯罪"等其他用词来替代校园欺凌，例如"骚扰""歧视""恐吓"。而所有这些用词用于欺凌上的意义，并不完全能适用于校园欺凌的情况。大多数的成年人甚至不明白这些用词的意义,更别说未成年,且在校园欺凌事件的发生和处理中,定义的模糊容易成为行为双方摆脱责任的各种说辞。从德拉瓦州、新泽西州及华盛顿州三州对欺凌行为的定义虽然不尽相同,但是经过立法机关制定完成法律,并且在当州各级学校统一适用。网络、语言、口头及肢体欺凌等三州立法有界定,新泽西州及华盛顿州禁止对性别及性取向的霸凌行为,新泽西更规范对种族、肤色、宗教、血统、国籍、身体或感官障碍不可贬低或歧视。最后是反欺凌法中对于欺凌行为的定义需与其他法律中欺凌的定义一致。

2. 校园欺凌法律应是专门性法律

一个好的反欺凌法诉求的是个别学生的权利和他们的人身安全,而非关于学校本身的安全性的法律。我国目前的法律无法完全解决校园欺凌问题,目前处理校园欺凌的法律层面存在的问题正是个别法律中有不足之处,以致无法有效处理校园欺凌问题。我国目前尚未对校园欺凌专门立法,涉及校园欺凌的相关规定,大量存在于其他法律法规之中,这对于校园欺凌问题的解决是极其不利的。大量的行为无明确法律规定,如何处理及处理的程序无基本的法律依据,事件处理部门无明确规定,且各方的权责规定得不明确,容易造成出现校园欺凌事件无疾而终。

校园欺凌问题解决存在急迫性与时效性,但目前校园欺凌问题之防治与解决涉及众多跨部门行政机关权责,若仅由国务院以行政法规的方式处理,无法架构完备的校园欺凌法制体系。目前就校园欺凌立法的探讨,学界多呼吁校园欺凌的专项立法,摒除立法之阻碍。

3. 立法目的需明确

以美国德拉瓦州创建学校欺凌防治法为例,其目的是为了提供给就读于该州公私立学校的学生与学校教职员一个更安全的学习环境,且法规要求各学区及公私立学校需建立一套预防欺凌的政策,并且需向德拉瓦州教育局汇报欺凌事件的方案。应该对如何制定政策以及一个理想政策该涵盖的内容提供建议。任何国家的教育行政机关、学区、学校,甚至个人都应被教导如何去落实一个项目、程序、政策或法律。反欺凌法无法在没有方向、规则或遵循路径的情况下制定。校园欺凌立法内容是针对校园欺凌问题的法律规则，其基础和本源是保护性法律的法律原则。这些规律和规则包括学生权利保护原则、未成年人优先保护原则、公正平等原则、成年人义务原则等，这些都应体现在校园欺凌的立法目的之中。

建议我国校园欺凌立法目的应明确以下几点：其一，为使学生的学习达到较高的学术水平，安全和平等的环境是必要的，立法目的应首先为建立安全、平等的校园环境及学习环境；其二，骚扰、恐吓或欺凌等具有破坏性和暴力性，在安全的环境中会破坏学生的学习能力和学校的教育功能，立法应维护学生的学习能力及学校的教育功能；其三，学校行政人员、教师、职员和其他相关人员应表现出有礼貌和尊重别人的行为，并拒绝忍受骚扰、恐吓或欺凌。

4. 校园欺凌专案小组的设立与变更

借鉴国外经验，首先可设立校园欺凌专案小组，专门处理校园欺凌事件。其次，启动辅导机制，积极介入欺凌、受凌及旁观学生辅导，必要时结合专业心理咨询人员协助辅导，务求长期追踪观察，矫正学生偏差行为。若欺凌行为产生严重后果，应立即转相关部门处理。最后，设立专业法律咨询服务团队，规定为即时协助学校处理有关暴力、欺凌等校园安全事件，予以制度性之援助，以维护其宪法所保障的诉讼权及平等权等基本人权。

5. 校园欺凌事件处理的经费

反欺凌安全学校的推动，需要教育行政部门对通过教育部审查的学校提供经费。在经费处理上鼓励学校在申请计划中，纳入具学校创意与特性之子目标与实施策略，以作为计划审查及计划评鉴的加分项目，并为反欺凌安全学校的建立提供财政上支持。政府的财政拨款是学校经费的主要来源，学校进行反欺凌工作的治理，需投入人力物力及财力，因此在校园欺凌的专项治理上，政府应保证教育经费的继续与稳定的支持。

二、分则部分基本立法内容研究

分则部分应包括校园欺凌行为的预防、校园欺凌行为的矫治、校园欺凌犯罪行为的预防及校园欺凌的法律责任四个范畴。

校园欺凌行为的防治、家长与教师及学生三方的权责在我国目前的相关法律中略有规定，但不完备，且大多属于被动防范的规范，无法积极主动地处理校园欺凌问题。

首先，在家长权责部分。防治校园欺凌可引用的法律对家长部分的要求偏向笼统，如《教育法》要求家长在子女教育阶段内，需担负辅导子女的责任；《教育法》规定高级及中等以下学校学生在校有重大违规事件或特殊行为，学校及教师应即通知其家长或监护人；《未成年人保护法》规定，父母或监护人对儿童及少年应负保护、教养之责任。上述法律对家长的要求只有条文规定，但没有实质规范，家长若有过失，欠缺处罚条款要求家长需尽辅导养育子女之责任等。

其次，在教师权责部分，针对校园欺凌事件，老师是否愿意处理欺凌的问题，其态度很重要，但在当今教育现场，老师若不作为，以现今《教师法》《教育法》等要对教师问责很难，要求教师对校园欺凌事件需积极作为的规范并不足够。

最后是学生部分。观察现今显现于媒体的校园欺凌事件，欺凌者有的手段残暴，态度恶劣，其行为已达到犯罪的程度。《教育法》《未成年人保护法》《预防青少年犯罪法》等法律是以保护儿童及青少年的论点，考虑他们涉世未深，思虑不周，因此要保护他们，并给予自新机会所制定的法律。但从较多的校园欺凌恶性行为可以看到，似乎未满18周岁已成为未成年人犯罪及欺凌者的免死金牌，法律保护18岁以下未成年人的美意似乎被曲解。而校园欺凌事件中刑法可以引用的法律条文，有些是属"告诉乃论"之罪，即不告不理的罪行，如伤害罪、侮辱罪、诽谤罪等，需受欺凌者或监护人提出告诉，司法单位才能进行后续的程序。因此，校园欺凌行为的预防应涵盖行为人、监护人、教育行政部门、学校、其他部分机关的权责。

1. 行为人的职责

校园欺凌的行为主体主要为欺凌者、受凌者及旁观者等。校园欺凌立法的内容在校园欺凌的预防一节应涵盖对这三者行为人的权责规定。

首先，从研究中可以看到欺凌者的人格特质是比较冲动易怒、无法控制情绪、缺乏同理心的，或是具有先天疾病的，例如生理、心理或精神方面的疾病都是可能引发欺凌行为的个人因素。笔者在分析过程中，发现了欺凌者具备的共同特征：其一，难以从他人的观点来考虑事情。其二，会用指责、批评的方式，将自己的过错投射到受欺凌者身上。其三，缺乏远见，不会考虑到自己行为所造成的后果。其四，渴望得到注意。欺凌者自身人格发展与健康行为塑造是非常关键的因素。

其次，应明确欺凌者的权责，包括请求协助与辅导的权利。若欺凌者属于完全民事责任主体，应明确实施欺凌行为应负的责任以及其他权利，保障行为人的学习权、受教育权、身体自主权及人格发展权、意愿及尊严被他人尊重的权利，有权要求其课业及学习成绩评量不与自身行为相挂钩。

再次，是受凌者的权责，受凌者在面临或即将面临校园欺凌事件时，应有权请求相关部门的介入与协助，并有责任揭发与举报校园欺凌事件，而不是默默忍受。

最后，旁观者也应有责任揭发和举报发现的校园欺凌事件。欺凌行为大多是后天习得，是属于学来的行为，如果能学来，就能得到检视、改变。如果不能引导有暴力、欺凌行为的青少年回归正轨，其结果是令人堪虑的。这些孩子将游走于法律边缘，若不能得到惩戒与矫正，未来其中一部分人很有可能走上违法犯罪的道路。

因此，我们可以透过不同的途径来改变孩子的行为，预防校园欺凌事件的发生。建议把学生的权责严格规范下来，学生权力可以包括：①可以免费接受幼儿园到初中九年级义务教育的权力，其中更强调不受种族、性别、宗教等因素而受到歧视。②具有平等、自由的权利。在这一项权力规范之下，在不侵犯、影响他人的原则下，学生可以在校内办理校内报纸、组建或参加校内社团、参与社会活动等。另一个重点是特别明确"不受体罚"。③正当程序的权力。主要论及学生应该充分被告知各项规定,有权要求成人陪同在场,可以进行申诉。另外还有针对18岁以上的学生以及学生的家长所赋予的权利,主要内容是有关学生档案纪录资料的调阅,不可透露隐私,还有因政府部门的需要可以调阅学生的档案纪录资料等权利。④宪法规定的公民的其他权利。学生的责任无外乎被要求要尽好学生的本分,一旦学生没有尽到学生的责任时,就可能遭受到处分。

2.监护人的权责

纵观目前防治校园欺凌可引用的法律对家长部分的要求偏向消极,如《教育法》要求家长在国民教育阶段内需担负辅导子女的责任,而关乎学校学生在校有重大违规事件或特殊行为的事件时却尚未规定学校应通知其家长或监护人;《未成年人保护法》规定父母或监护人对儿童及少年应负保护、教养的责任。首先,上述法律对家长的要求只有条文规定,但没有实质规范,家长若有过失,欠缺处罚条款要求家长需尽辅导养育子女之责;其次,即使有部分法律对于家长的责任部分有处罚规定,但大多属事后处罚,学生犯刑法或受保护管束处罚后家长才需接受亲职教育之辅导,基本无事前预防的责任规定;再次,纵观目前的法律条文更多为规则性、限制性的条文,规定或要求监护人的行为,不履行行为将负何责任,接受何种惩罚,较少以监护人的权利为法律的重点。因此,校园欺凌立法内容在校园欺凌行为的预防上应明确针对父母及监护人的权利,保障其基本权利。例如当父母发现孩子在学校长期受到欺凌或实施欺凌行为,向学校提出报告而学校不回应、不遵从政策,家长应有权向学校提出损害赔偿的诉讼。

3.教育行政单位及学校的职责

在校园欺凌事件的防御上,教育行政机关及学校起着举足轻重的作用。校园欺凌事件的减少首先要在源头上预防,把事件扼杀于萌发的摇篮之中,因此教育行政单位及学校应积极作为。

首先，应建立多管道反应机制，加强欺凌行为的法律责任宣导，积极面对校园欺凌个案且有效妥善处理，规定学校应每学期结合校务会议、教师会议（研习）或教师进修时间实施防制校园欺凌专题报告，强化教育人员防止校园欺凌及相关法律职能，利用各项集会时机，或运用公布栏、学校网页等，加强学生宣传，使每位学生都能够了解当自己或同学遭遇校园欺凌时，如何寻求协助并获得最好的保护。

其次，学校教师的班级经营风格、带班经验、对学生的关心程度、面对学生的评价与处理欺凌事件的态度等也都会影响到欺凌事件的发生频率。从研究中可以看到青少年的暴力行为具有循环模式，大多始于青少年的学习困扰或学业成绩不佳，因学校习惯于以学生成绩来评价学生，使得青少年在学校中缺乏自我肯定的机会；这些低自我肯定的青少年容易知觉到来自学校老师、同学的嘲讽、批评、排斥和打击，并将之视为敌意和威胁，而激发愤怒的情绪和攻击的驱动力；而同学压力的煽动，常会使得心智不稳定的青少年轻易地扮演"恃强凌弱"的角色。未成年人在目睹别人的攻击行为后，为了提高自己在同伴之间的地位，让众人接纳自己，往往也会参与欺凌行为。因此学校因素（包含成绩表现、老师对学生的评价、同伴影响等）会影响青少年偏差行为是一项不争的社会事实。当欺凌无可抑制地存在于校园之中，学校及教师的角色绝对是非常关键且重要的。如何让学生足以信任老师、尊重同学，约束好自己的行为，这些规矩与教导，都有赖学校及老师发挥其教育策略，尤其是教师。教师具有长时间与孩子相处的机会，故在发现他们的情绪及行为问题上，乃至提供初步的协助上，都具有不可替代的重要角色功能。老师长期与学生接触，所扮演的第一线辨识角度，初步处置，教师在校园欺凌行为的预防上具有举足轻重的作用。

最后，在道德层面上，注重重建校园伦理，加强亲师伦理、学生伦理、行政伦理；落实和谐校园营造计划，落实推动法治教育、平等教育、生命教育及学校辅导效能；家庭、学校及相关机构携手合作：整合亲、师、生三者辅导支持网络，强化平时警政、社政、教育单位横向联系，建构支援、支持与关怀的环境。可仿照他国（地区）的经验，由法律规定成立"反欺凌日"，如加拿大每年2月的最后一个星期三为反欺凌日。

第四节　我国校园欺凌现有法治内容概述

目前，我国并没有专门针对校园欺凌的法律，针对校园欺凌的相关规定主要体现在以下法律或政策性文件之中。

一、《民法通则》的相关规定

民法典对校园欺凌有新规定具体体现在人格权的相关规定中，如下。

《中华人民共和国民法典》第九百九十条：人格权是民事主体享有的生命权、身体权、健康权、姓名权、名称权、肖像权、名誉权、荣誉权、隐私权等权利。

除前款规定的人格权外，自然人还享有基于人身自由、人格尊严产生的其他人格权益。

第九百九十一条：民事主体的人格权受法律保护，任何组织或个人不得侵害。

第九百九十五条：人格权受到侵害的，受害人有权依照本法和其他法律的规定请求行为人承担民事责任。受害人的停止侵害、排除妨碍、消除危险、消除影响、恢复名誉、赔礼道歉请求权，不适用诉讼时效的规定。

二、《侵权责任法》的相关规定

校园欺凌行为的构成要件是欺凌者主观上存在故意实施的欺凌行为具有违法性、造成了一定的损害后果、欺凌行为和损害后果的发生之间存在因果关系。在发生校园欺凌行为后，一般依据《侵权责任法》关于校园侵权的相关规定来处理。《侵权责任法》对监护人和学校在校园欺凌事件中的责任也进行了规定。在判定学校责任时，应依据第38、第39、第40条的规定处理，针对不同的情形，学校在校园欺凌事件中可能承担过错推定责任、过错责任或公平责任，判断过错与否的标准是学校是否尽到了教育、管理的责任；而判定欺凌者监护人承担责任的依据是《侵权责任法》第32条的规定，在无民事行为能力人或限制民事行为能力人造成他人损害时，监护人应当承担责任，但如果监护人尽到了监护义务，则可以减轻其责任。即如果发生校园欺凌事件造成一定的损害发生，欺凌者的监护人应当承担相应的法律责任，但其可因监护义务的完全履行而减轻责任。

三、《未成年人保护法》的相关规定

《未成年人保护法》从家庭保护、学校保护、社会保护和司法保护四个方面详细规定了家庭、学校、社会和司法机关对未成年人的职责。就家庭层面而言，注重对未成年人的道德教育；就学校层面而言，注重对学生的道德、法制教育，保障学生在学校的人身安全；就社会层面而言，对传播媒介进行规制，减少暴力因素对未成年人的影响；就司法机关而言，在处理涉及未成年人的案件时，注重保护未成年人的隐私。其中第25条规定：对于在学校接受教育的有严重不良行为的未成年学生，学校和父母或者其他监护人应当互相配合加以管教；无力管教或者管教无效的，可以按照有关规定将其送专门学校继续接受教育。如果在校未成年学生经常实施校园欺凌行为，可以依照该条规定对未成年学生进行管教，管教无效的可以将其送至专门学校接受教育。另外该法第41条第1款明确规定，禁止对未成年人实施性侵害。而性侵害也属于校园欺凌的类型之一。

四、规范性文件的相关规定

为了加强对校园欺凌事件的预防和治理，国务院教育督导委员会办

公室决定开展校园欺凌专项治理活动,于2016年4月发布了《关于开展校园欺凌专项治理的通知》。该《通知》主要针对全国中小学校(含中等职业学校)的校园欺凌事件展开调查,分为两个治理阶段:

第一阶段的治理期限为3个月,从2016年4月至7月。这一阶段主要是学校采取措施防治校园欺凌,包括开展有关校园欺凌的讲座、完善学校的应急机制、明确教职工的职责、发现校园欺凌事件及时处理、做好心理辅导工作等。

第二阶段的治理期限也是3个月,从2016年9月至12月。这一阶段的任务主要是针对上一阶段的措施及取得成效进行逐级上报,最终将相关数据上报给省级政府和国务院教育督导委员会办公室,由国务院教育督导委员会办公室组织督查组对各地校园欺凌防治情况进行督查。

面对日益严重的校园欺凌问题,2016年11月1日,教育部、中央综治办、最高人民法院、最高人民检察院、公安部、民政部、司法部、共青团中央、全国妇联九个部门又联合发布了《关于防治中小学生欺凌和暴力的指导意见》。该《意见》从三个方面对防治中小学生欺凌和暴力行为提出了针对性较强的方案。

首先,积极有效地预防学生欺凌和暴力,其中规定了学校、家长以及社会在预防校园欺凌事件中的职责,如学校要加强对学生进行法制和道德教育、开展关于校园欺凌和校园暴力的专题讲座,同时健全校园欺凌和暴力的应对机制并做好应急预案,另外,对教职工也要进行相应的培训;家长要培养孩子的良好品德,注重家庭环境对孩子的影响;动员社会各方力量对校园周边的安全进行监督、治理。

其次,依法依规处置学生欺凌和暴力事件,具体的举措为学校发现校园欺凌和暴力事件应实施教育惩戒,并及时向有关部门上报情况,在处理校园欺凌事件后,对欺凌者、被欺凌者进行有针对性的心理辅导等。这一部分主要列举了学校在治理校园欺凌和校园暴力事件中的责任,凸显学校在对校园欺凌的处置上的重要作用。

最后,切实形成防治学生欺凌和暴力的工作合力。这一部分号召全社会形成共同合力，学校积极构建安全校园，监护人努力落实监护职责，各个部门统筹协调，多管齐下，共同保护未成年学生的健康成长。

五、其他法律法规的相关规定

其他和校园欺凌相关的法律法规主要是针对未成年人的校园保护，如《教育法》《义务教育法》《中小学幼儿园安全管理办法》《学生伤害事故处理办法》等。其中，《中小学幼儿园安全管理办法》和《学生伤害事故处理办法》是专门针对在校未成年学生保护的。

第五节　我国校园立法之对策研究

一、完善校园欺凌相关立法

本节所指的完善相关立法旨在当前相关法律法规中进行专项规定并细化完善。笔者认为一部专门性立法需要充分的实践和成熟的理论作为基础。完善校园欺凌相关立法是大势所趋，但不能一蹴而就，应借鉴国外先进的法律制度与经验，一步步完善我国校园欺凌的法律制度。

（一）对校园欺凌进行专项立法

根据目前校园发生的欺凌行为区别于其他校园安全事件的特点，我国中小学作为校园安全的管理者需要转变传统观念，将校园欺凌事件当作特殊的工作来积极预防和处置。同时，现行的几部未成年人保护法律法规在规定的内容方面有许多交叉和重复，因此，笔者从实效性角度考虑，目前相对可行的办法是对未成年人学校保护相关法律法规进行修改和细化，增加有关校园欺凌的法律法规。治理校园欺凌的法规可以从以下几个方面来完善：

第一，应当明确保护理念是以"提前防范"为主，即通过对暴力事件事前进行及时发觉从而有效防范，尽最大可能阻止侵害事件的发生。通过立法对"校园欺凌"的概念进行规范统一，同时对欺凌的行为模式进行明确规定，以便学校及有关行政司法部门能够准确识别欺凌行为与其他行为的区别，对于在处理相应事件时有充分的法律依据支撑。

第二，明确在防范与应对校园欺凌事件中明确学校的管理内容。借鉴日本的校园安全管理工作制度，明确上到校长下至每一位教职工应当承担的具体保护职责。针对校园欺凌的行为特点，通过法律规定将防范教育和保护的职责明确细化到个人，通过立法明确的指引，使每个学校工作人员能够提高对校园欺凌行为的重视程度，学校的工作人员可以根据明确的法律规定有针对性地采取防治措施来履行职责，同时也能够为责任追究提供法律依据。

第三，完善责任规定。由于校园欺凌事件问题复杂、牵扯范围广泛，需要学校、家庭、有关部门等各方的共同努力来应对，目前很多案件最大的争议焦点在于有些"校园欺凌"事件发生严重伤亡后责任无人承担的问题，例如"中关村某小学校园欺凌案"以及"青海省少年被侵凌自杀案"。因此法律亟待在以下方面做出明确规定：一是增加在欺凌事件中对未成年学生负有教育保护责任的主体的规定。二是在出现伤害事件后各主体承担何种法律责任，以及承担责任的比例和标准等规定。三是明确负责监督职责落实和追究相关主体法律责任的具体部门之规定。

第四，在治理校园欺凌事件中赋予学校一定的强制惩戒教育权力。目前为了尽可能地保障未成年人利益最大化，无论是《预防未成年人犯罪法》或是《义务教育法》都没有赋予学校对未成年人强制惩戒教育权力，教师及学校对于学生只能口头指正，为了避免造成体罚之嫌，教师和学校很少能对问题学生采取有效处置，这种过度保护的措施确实保证了学生免遭教师的侵害，但对于同学间日益严重的欺凌行为，正在挑战学校欠缺强制力的管理规定。因此，用立法在校园欺凌这样具有严重侵害性的行为处置方面，赋予教职工以强制性惩戒教育的权力，同时建议增加赋予学校或教育行政部门强制将有严重不良行为未成年学生送入专业矫治机构进行教育的规定，同时明确强制矫治的具体情形，以保证矫治教育工作的实际开展。

（二）完善相关法律中施暴主体法律责任规定

对于校园欺凌的施害者，社会各界呼声较高的降低刑事责任年龄的提议，笔者认为单纯的降低缺乏可行性。当今我国面对校园暴力事件最重要的是如何采取必要的教育手段降低未成年人的犯罪率，一味降低刑事责任年龄则会违背对未成年人的保护理念，意味着对更多的未成年犯罪人一罚了之，难以达到抑制未成年人犯罪的效果。同时，实施暴力犯罪的未成年人群体对于全国的未成年人群体来说是一个较小的部分，仅仅为了抑制校园欺凌行为而对刑法做出刑事责任年龄的调整也是不科学的。

但针对有些成熟早、恶意及行为恶劣程度明显增加的未成年人，为了打击其以"年龄小，法律对其没办法"的嚣张态度，可以借鉴英、美两国"恶意补足年龄"的规定。若证明某个儿童"对危害行为有辨别能力"，即了解行为是错误的就可反驳这一推定，这就是恶意补足年龄。"恶意"指对危害行为具有辨别能力。增加此项规定可以使司法干预的范围适当扩大，既能保证法条的相对稳定，同时可以使司法机关对有犯罪危险、具有轻微违法行为的未成年人的介入时机提前进行干预矫治，达到预防该类群体犯罪的效果。笔者认为该制度目的不在于使更多的未成年人受到刑法的惩罚，而是使更多具有严重危害社会的暴力犯罪行为、但又不构成犯罪的未成年人通过具有强制力的手段被强制进行改造和矫治。因此对该类群体进行制度设计时严格适用条件及程序，在惩治犯罪维护社会稳定和保护未成年人利益之间寻求平衡。

二、行政监管方面

（一）建立完善校园欺凌防控机制

根据乌尔里希·贝克的"风险社会理论"，风险具有客观性和普遍性。因此，我们必须要承认的事实是，只要在社会中进行活动就难免会产生风险，因此校园暴力作为影响社会稳定的危险性因素固然存在，笔者认为当前的制度能做到尽可能阻止暴力事件的发生，完全避免的想法过于理想化。但这不意味着学校只能任其发生，而是要正确认识暴力的客观存在，并采取积极防范的措施阻碍事件的发生或减少事件带来的损害，实现保护被欺凌学生利益的最大化。

因此笔者认为对校园欺凌亟待加强的是对欺凌事件的防控机制。从校园欺凌行为的特点看，往往会有对实施暴力的准备阶段、实行阶段、发展阶段以及出现伤害结果。我国校园欺凌防治工作亟待改变的是对此类事件的干预理念，"亡羊补牢"的被动治理观念已经难以应对当前有预谋且主观恶性极高的暴力行为，面对如今大量的校园侵害事件，更应该树立危险防范意识，对校园恶性侵害事件的危险来源做好提前主动干预和及时教育的工作。同时，发生在校园里的欺凌事件大多有控制的可能性，但处置不力则会导致暴力事件恶化出现严重后果。笔者设想应对措施可以建立校园事前监测预防、事中迅捷响应、事后妥善处理的多部门联合应对机制。该机制分为三个方面，以下为完善思路：

第一，建立暴力预警机制，做好防范和教育工作。首先，加强对学生在识别危险以及暴力防范技能的培训，在遇到可能发生的危险时第一时间采取自救措施规避；其次，危险预警方面增加科技手段进行监测识别，通过铺设探头等措施扫清校内死角，同时将摄像头与当地公安机关联网，出现情况能够内外同时响应。对小树林等视野较差的区域进行修剪，教室等公共区域进行亮化，减少视觉盲区的存在。我们还可以学习韩国学校的做法，给学生配备定位报警装置，在遇到校园暴力事件的时候可以按下一键报警按键，通过定位装置迅速检测到被害学生的具体发生地点从而迅速展开营救。

第二，成立专项治理校园欺凌的应急组织。对校园欺凌事件的防范应当具备从上到下严密的管理组织体系，为其配备专业的工作人员，校长为首要责任人，其他教职工共同参与，将安全保护责任分配并落实到每个人。由校长牵头，教职工集思广益制订校园欺凌防治的计划，再由每个人推动实施，在日常教学工作中定期对学生进行预防校园欺凌安全教育。考虑到不少校园欺凌有校外黑恶势力参与，案件复杂棘手，学校在日常管理工作之余难以有足够的力量来控制事态的恶化，建议配备校园警察队伍，以便对施暴者及时采取必要的强制措施避免事件恶化，同时加强与校外公安机关等部门的互通机制，及时应对发生在校内外的欺凌事件，学校的应急小组与校园安保人员主要负责校园范围内的欺凌事件的应急处理。针对校园欺凌事件的新形势、新特点，定期召开校园安全工作会议进行讨论，分析防治工作中存在的问题与不足，及时改进并制定新的防治预案，同时根据校园欺凌的特性对教职工进行有针对性的培训和定期考核。

第三，建立学校责任人考核督察机制。教育行政主管部门将学校领导及教职工在校园欺凌防范治理工作的执行情况纳入年度绩效考核，设置专员对学校相关责任人员的工作进行日常监督。同时完善学生与家长投诉检举通道，健全上报机制，及时向管理部门进行情况通报及处理情况反馈。落实责任追究机制。对重大校园暴力隐患应当及时干预而未采取防范措施、发现欺凌事件未及时妥善处理、对事件谎报瞒报等失职行为进行投诉，接到投诉后应当及时追究相关单位与责任人的法律责任并向社会公开处理结果。

（二）完善行政监管措施，与司法惩戒措施的有效对接

当前的校园欺凌形势之所以严峻，原因之一就是我国缺乏有强制力的教育矫正措施处置施害者。这也与我国对未成年人的保护宗旨有很大关系，对不构成犯罪，但行为可能触犯刑法的施害者没有相匹配的矫正手段，极大可能会导致两个结果：一是认识不到自己的错误行为，继续

向他人施害，直至出现严重的伤亡，锒铛入狱；二是没有对同样具有类似严重行为的未成年人起到警醒作用，反而会助长欺凌行为的更加猖狂。笔者认同国家对于未成年施害者应当教育矫治从而改邪归正回归社会的处置理念，但问题在于目前的校园欺凌事件中个别欺凌者的行为恶劣程度已经达到了法律难以容忍的程度，其行为的危害性和我国刑法规定的一些罪名相当，如果一味地过度保障施害者的人权与自由，对其行为"容忍"过度，势必会侵犯到更多的被害者的权利与自由。

建议将现有的教育矫治"司法化"，赋予矫正措施以强制力，实现与司法惩戒措施的对接。本文所指的司法化类似于日本独立的"少年司法"制度，并不是将不构成犯罪的未成年人都按照刑法来处罚，关键在于解决司法机关无法介入以及介入时机的问题，最终的目的在预防此类群体走向犯罪，对施害者也是一种保护。第一，建议增改相关法律规定，将"校园欺凌行为"纳入司法机关干预的范畴，加强并落实学校、公安机关与司法部门的工作联系。出现欺凌事件之后，公安机关能够在行为尚未引发严重后果之时提前介入对欺凌行为进行干预，在立案之后将施害者的具体情况和信息与司法机关积极沟通，根据施害行为的严重程度进行区分处理。第二，细化"责令父母严加看管教育"具体职责内容的规定，同时建立监督考评机制，由司法部门监督执行。该考评结果以及父母是否履行职责作为是否有必要将其强制矫正教育的依据。第三，增加强制送往工读学校进行特殊教育的规定，赋予有关部门在一定情况下可以强制送往工读学校进行矫治的规定。同时为了避免有关部门权力过大而滥用，应当对强制送读的具体标准以及对"强制矫正教育"决定异议的救济方式加以明确规定。

三、司法与救济保障方面

（一）建立校方参与的分级矫治教育体系

针对实施暴力侵害行为的未成年人，应当追求的是对其教育矫治，使其重新步入正轨回归到社会中去，考虑到对施害未成年人的矫治主要是依靠教育手段，同时妥善运用现有工读学校等特殊教育机构在未成年人矫治方面发挥的重要作用，笔者参考目前我国部分省市的矫治教育实践，从可操作性以及实效性角度出发，设想在我国建立校方参与的分级教育矫治体系，普通学校、工读学校与相关部门建立并加强工作联系、共同创建，利用行政干预措施弥补司法惩戒措施。以下为制度设想：

第一，学习日本"少年鉴别所"及"少年法院"等机构设置的实践，建议首先将"严重不良行为"等触犯法律的行为纳入司法干预范围，同时对施害未成年人单独设置处理程序，司法机关成立专门针对施害未成年人的处置部门承担对其施害行为进行考察和评价的特殊职能。制定统一的评价标准，对不同程度的施害行为进行定性分级，避免各地方因标准不一而导致的差异较大的处理结果，以此作为对施害者分级矫治的前提。

第二，对仅具有一般不良行为，犯罪危险性不大的未成年人，学界称为"虞犯少年"，在其所在的学校设立临时"辅导班"，对此类群体进行矫治，同时根据行为性质规划矫治的时间，在不影响其正常上课的情况下，通过晚上或周末"补课"的形式帮助其改正不良行为，同时对其进行跟踪监督考评，待考评合格后结束矫治工作，采用这种方式既照顾到行为人自尊心，在没有抵触情绪的情况下更利于进行心理疏导，同时在校内也便于操作。

第三，对于违反社会治安的轻微违法，但不具有严重社会危害性的未成年人，学界称为"违警少年"，因其对校园安全及社会治安已经产生威胁，普通教育机构已难以管教，在其所在学校设立"隔离区"或转移至当地职高、技校等场所，由教育行政主管部门配备专业的辅导老师及心理医生，同时由司法机关配备校园警察共同设立特殊班级进行半封闭的军事化管理，在学习普通文化课程之余，对其身心特点设计专门的课程，着重开展对其心理感化、人格重塑等矫治活动。

第四，对于欺凌行为已经触及犯罪但因年纪过小不承担刑事责任的未成年人,学界称为"触法少年",考虑其行为已经具有严重的社会危害性,不及时矫治极易引发严重暴力犯罪,确有必要对其实施强制性干预措施的,又考虑到政府收容教养是非刑罚处分措施且存在较大争议,笔者建议增加强制送往工读学校进行教育矫治的规定,发挥特殊教育的作用。对于极个别犯罪行为极其恶劣且造成严重后果的未成年人设想采用"恶意补足年龄"的规定依照刑事司法程序处置。

最后,对于达到刑事责任年龄,被认为犯罪的未成年人,在按照刑罚处罚的同时,也应继续对其进行特殊的矫正教育,与成年人应作区别处理。

(二)构建社会力量参与的未成年被害人救助体系

根据校园欺凌事件中未成年被害者所受到的侵害的特点,该体系大致可以分为物质、心理、司法等方面的救助。我国地域广阔,各地方的经济条件还有不小的差距,要建立完善的未成年被害人救助体系是一项浩大的工程,不仅需要成熟的理论做支撑,还要有丰富的实践经验积累才能够实现。但笔者认为完善对未成年被害人救助体系能够保证未成年被害学生及时恢复健康成长的重要环节,也是实现社会稳定和谐的必然要求。考虑到未成年人被暴力侵害后需要重新回归学校接受教育,学校作为其重要的生活场所,便于承担起被害学生的后续救助工作,因此在此项措施建议中也限于学校应承担的保障和救济工作。

首先是救助金的保障。对于被侵害者的生命健康大多都会受到暴力行为的伤害,治疗费用往往是一笔巨大的开支;许多侵害人及家庭并没有能力支付赔偿金,尽管当前我国对未成年人被害人的救助也有经济补偿,但金额十分有限,对于目前医疗机构高额的治疗费用来说简直是杯水车薪。随着我国保险行业的日趋成熟,参考旅行社为游客购买旅行意外险以及为汽车购买交通事故责任强制险实践,笔者设想由校方或教育行政主管部门统一为在校学生购买关于因受校园暴力侵害的"人身伤害责任强制险",通过立法明确保险性质、赔偿情形与标准,同时教育部门应当保障购买该保险的经费来源。既能在事后及时给予受害学生获得经济赔偿,同时也能减轻学校的赔偿压力,缓和家长与校方之间的责任承担之争。此外,在投保后,保险公司为随时了解被保险人的状态,也能对学校发挥一定的监督作用。

其次是心理救助。在未成年人受侵害后心理是最难得到恢复的,尤其是遭受了校园欺凌的未成年人,在遭受巨大的打击后如果忽视对其心理健康的治疗,会导致其心理压力过大,看到曾经被侵害过的学校环境会产生恐惧心理,遭受同学老师异样的眼光后变得消沉,情绪极度不稳定,无法正常学习生活,甚至产生巨大的厌世及报复心理,后果不堪设想。笔者设想在我国建立未成年被害人心理治疗机制,一是应当以"及时发现、及时干预"为原则。二是配备专业化队伍以及制定专业化方案,由国家支持逐步在全国范围心理治疗机构,由专业的心理医生来承担未成年人心理伤害程度的鉴定与治疗工作,国家对救助机构的救助费用和人员经费予以保障,确保心理救助工作的有效开展。治疗机构应与家庭、学校相互配合,根据被害人的受伤程度以及其生活环境制定针对性的恢复方案。针对受到轻度伤害可以继续回到学校进行学习生活的未成年人,可以通过在学校设立救助点,在不耽误学习的情况下进行治疗,同时也能够及时了解被害人的心理状态;针对受到伤害较重暂时无法恢复正常学习生活的未成年人,可以根据实际情况和被害人意愿上门与父母配合治疗或者在特定机构内进行一定周期的封闭治疗,同时对被害人的恢复情况进行记录和监测,真正帮助其走出心理困境。对未成年人的心理救助是一项综合性的系统工程,只依靠在某个环节的某种措施难以使未成年被害人心理得到真正的恢复,需要各保护主体加强配合,有计划地来帮助其走出心理阴影,早日投入到正常的学习、生活中去。

第六节 我国校园欺凌案件分析

一、北京中关村 X 小学校园欺凌事件

（一）事件还原

2016 年 11 月，有一位母亲在网上发表一篇关于自己孩子在学校长期遭受来自同学校园欺凌的文章引发社会各界高度关注。经查，作者的孩子是中关村 X 小学的学生，从小学三年级开始就被嘲笑、起外号，甚至被骚扰、被拳打脚踢。这名受到欺凌的孩子因怕被责备不敢告诉老师，而选择长期隐忍。随着施暴者暴力行为逐渐升级，在上厕所时将装满尿液与厕纸的筐子砸向这名孩子，其脸上沾满屎尿后又进行嘲讽。最终导致孩子难以承受而表现出异常的举动，经父母追问才将长期经历校园暴力的事情说出。当孩子说起此事的时候，便忍不住发抖，大哭，甚至厌食、自闭。

这个孩子后来被医院确诊为患有严重的焦虑症与抑郁症。随后施暴者承认了自己的所作所为，受害孩子的父母找到学校及有关部门反映请求处理，但施暴者父母称孩子仅是淘气而已，拒绝道歉，校方对此也未引起足够重视，认为此行为是一个"孩子之间的玩笑"。

被欺凌者一家、欺凌者一家和学校对于施暴者的行为是否属于校园欺凌性质的看法不一，因此导致此事处理工作产生了极大的争议。北京市教委随后对此事做出回应，表示严肃对待对校园欺凌事件，保证每一位孩子的健康成长。

（二）案例评析

通过此事可以看出，校园欺凌事件逐渐出现低龄化趋势，而且行为更加恶劣。有的校园欺凌明明已经造成了严重的损害后果，但还有个别校方坚持认为事情不大，停留在校园欺凌行为是学生之间的小打小闹，根本不值得一提，对校园暴力的危害性认识严重不足。孩子在遭受到欺凌的一段时间内，作为学校老师也没有发现受害学生的异常，表明学校在管理上对学生在校遭受欺凌没有给予足够的关注与重视，更不会对施害者进行制止及教育，最终导致受害学生出现严重抑郁等心理问题。最后由于双方对是否属于欺凌各执一词，也没有法律规章明确规定在防治校园欺凌中学校应该承担的责任与应当履行的义务，对此事的处理也是不了了之。

二、南宁初中生群殴、追砍学生案

（一）事件还原

2018年10月，南宁市某初中几名初中生殴打同年级男生郑某的视频在网上曝光，视频中四名学生模样的男子对郑某进行疯狂殴打，还有一人拿着拖鞋抽打并同时进行辱骂。经调查了解得知，郑某被殴打的原因是在学校考试时，与其中一名施暴者谭某有过言语上的过节，于是谭某声称要找人"教训"郑某。在校老师得知情况后，只是将其赶出学校并未采取阻止措施。在群殴事件后，公安机关与校方会同家长对此群殴事件进行调解，施暴者对郑某进行道歉，并由监护人对医疗费进行赔偿。

事后第二天，郑某在上学途中被施暴者之一的李某拿刀进行追砍。后来经对李某调查得知，妄图持刀砍人的李某是当地出名的"混混"，在学校打骂同学甚至索要钱财，家长和老师都对其没有办法，教过他的老师说在教导李某的时候险些被打，无法管教，为了保证安全只能由郑某父母送其上下学。

（二）案件评析

在此事件中，郑某受到精神和心理双重伤害，对施暴者的处理只是赔礼道歉，因为初中是义务教育阶段，根据我国《义务教育法》相关规定不能将殴打并砍人的李某开除，最后只能调解并责令监护人看管教育。值得注意的是李某监护人身在外地并声称对此事管不了，让警方随意处理。对于砍人的故意伤害行为因李某不满16周岁，且没有造成恶劣的损伤后果，按照刑法相关规定不构成犯罪，公安机关也无法对其立案，于是出现法律无能为力、司法机关无法介入处置的尴尬局面。在施暴者表露犯意时，教师知情而未制止，群殴事件发生后只能调解，加之监护人及校方没有及时采取教育干预措施，施暴者无法认识到行为的严重性，才引发了后面更加严重的砍人行为。

三、校园欺凌致青海少年服毒自杀案

（一）事件还原

2016年在青海省海东市发生了一起学生自杀事件，在整理其遗物的时候发现了三封遗书，遗书的内容揭开了背后的原因：无法忍受几名同学长期的欺凌。死者陶某原本是初中的一名八年级学生，在校读书期间长期遭受同班同学的欺凌，经常被同学指使做事甚至无故对其拳打脚踢。陶某曾多次逃学但父母不知其原因，再三询问后才从其口中得知是因遭受同学长期的欺负，但父母得知此事只是将其责备一番后送往学校，老师对陶某逃学的原因并未深究，甚至让其写检讨书检讨自己逃学的行为。此后陶某再一次逃学，也只是在家休息两天后被父母送往学校，最终他将欺凌的遭遇及对欺凌同学的恨写在了遗书中，以结束自己生命的方式来逃避难以忍受的欺凌。事后学校老师说只是知道陶某与同学有矛盾，没有过多了解。该学校领导表示，陶某的自杀学校不承担任何责任。

（二）案例评析

通过此事件可以看出，校园欺凌的侵害的不仅是被害人的肉体，往往对心理造成的伤害也是巨大的。之所以陶某会选择自杀正是因为长期变本加厉的暴力行为，因无法承受心理和生理的双重压力导致其选择轻生。同时在此事件中，父母明知其异常的原因，但没有给予心理疏导和帮助，更没有及时解决。教师也声称知道他和同学有矛盾但也觉得正常，说明对其遭受校园欺凌并没有引起足够的重视，如果在此期间父母或老师能够及时发现处置，可能不会发展成为这样的悲剧。事后校方认为陶某在家的自杀行为学校是无责的，对于日益严重的校园欺凌事件，如果不采取管护措施及有效的问责，很难引起各方的重视，由此也出现了对欺凌事件造成损害的处理结果争议较大的尴尬处境。

附　录

附录一　《中华人民共和国未成年人保护法》（修正本）

第一章　总则

第一条　为了保护未成年人的身心健康,保障未成年人的合法权益,促进未成年人在品德、智力、体质等方面全面发展,培养有理想、有道德、有文化、有纪律的社会主义建设者和接班人,根据宪法,制定本法。

第二条　本法所称未成年人是指未满十八周岁的公民。

第三条　未成年人享有生存权、发展权、受保护权、参与权等权利,国家根据未成年人身心发展特点给予特殊、优先保护,保障未成年人的合法权益不受侵犯。

未成年人享有受教育权,国家、社会、学校和家庭尊重和保障未成年人的受教育权。

未成年人不分性别、民族、种族、家庭财产状况、宗教信仰等,依法平等地享有权利。

第四条　国家、社会、学校和家庭对未成年人进行理想教育、道德教育、文化教育、纪律和法制教育,进行爱国主义、集体主义和社会主义的教育,提倡爱祖国、爱人民、爱劳动、爱科学、爱社会主义的公德,反对资本主义的、封建主义的和其他的腐朽思想的侵蚀。

第五条　保护未成年人的工作,应当遵循下列原则:

（一）尊重未成年人的人格尊严;

（二）适应未成年人身心发展的规律和特点;

（三）教育与保护相结合。

第六条　保护未成年人,是国家机关、武装力量、政党、社会团体、企业事业组织、城乡基层群众性自治组织、未成年人的监护人和其他成年公民的共同责任。

对侵犯未成年人合法权益的行为,任何组织和个人都有权予以劝阻、制止或者向有关部门提出检举或者控告。

国家、社会、学校和家庭应当教育和帮助未成年人维护自己的合法权益,增强自我保护的意识和能力,增强社会责任感。

第七条　中央和地方各级国家机关应当在各自的职责范围内做好未成年人保护工作。

国务院和地方各级人民政府领导有关部门做好未成年人保护工作;将未成年人保护工作纳入国民经济和社会发展规划以及年度计划,相关经费纳入本级政府预算。

国务院和省、自治区、直辖市人民政府采取组织措施,协调有关部门做好未成年人保护工作。具体机构由国务院和省、自治区、直辖市人民政府规定。

第八条　共产主义青年团、妇女联合会、工会、青年联合会、学生联合会、少年先锋队以及其他有关社会团体,协助各级人民政府做好未成年人保护工作,维护未成年人的合法权益。

第九条　各级人民政府和有关部门对保护未成年人有显著成绩的组织和个人,给予表彰和奖励。

第二章　家庭保护

第十条　父母或者其他监护人应当创造良好、和睦的家庭环境,依法履行对未成年人的监护职责和抚养义务。

禁止对未成年人实施家庭暴力,禁止虐待、遗弃未成年人,禁止溺婴和其他残害婴儿的行为,不得歧视女性未成年人或者有残疾的未成年人。

第十一条　父母或者其他监护人应当关注未成年人的生理、心理状况和行为习惯,以健康的思想、良好的品行和适当的方法教育和影响未成年人,引导未成年人进行有益身心健康的活动,预防和制止未成年人吸烟、酗酒、流浪、沉迷网络以及赌博、吸毒、卖淫等行为。

第十二条 父母或者其他监护人应当学习家庭教育知识，正确履行监护职责，抚养教育未成年人。

有关国家机关和社会组织应当为未成年人的父母或者其他监护人提供家庭教育指导。

第十三条 父母或者其他监护人应当尊重未成年人受教育的权利，必须使适龄未成年人依法入学接受并完成义务教育，不得使接受义务教育的未成年人辍学。

第十四条 父母或者其他监护人应当根据未成年人的年龄和智力发展状况，在作出与未成年人权益有关的决定时告知其本人，并听取他们的意见。

第十五条 父母或者其他监护人不得允许或者迫使未成年人结婚，不得为未成年人订立婚约。

第十六条 父母因外出务工或者其他原因不能履行对未成年人监护职责的，应当委托有监护能力的其他成年人代为监护。

第三章 学校保护

第十七条 学校应当全面贯彻国家的教育方针，实施素质教育，提高教育质量，注重培养未成年学生独立思考能力、创新能力和实践能力，促进未成年学生全面发展。

第十八条 学校应当尊重未成年学生受教育的权利，关心、爱护学生，对品行有缺点、学习有困难的学生，应当耐心教育、帮助，不得歧视，不得违反法律和国家规定开除未成年学生。

第十九条 学校应当根据未成年学生身心发展的特点，对他们进行社会生活指导、心理健康辅导和青春期教育。

第二十条 学校应当与未成年学生的父母或者其他监护人互相配合，保证未成年学生的睡眠、娱乐和体育锻炼时间，不得加重其学习负担。

第二十一条 学校、幼儿园、托儿所的教职员工应当尊重未成年人的人格尊严，不得对未成年人实施体罚、变相体罚或者其他侮辱人格尊严的行为。

第二十二条　学校、幼儿园、托儿所应当建立安全制度，加强对未成年人的安全教育，采取措施保障未成年人的人身安全。

学校、幼儿园、托儿所不得在危及未成年人人身安全、健康的校舍和其他设施、场所中进行教育教学活动。

学校、幼儿园安排未成年人参加集会、文化娱乐、社会实践等集体活动，应当有利于未成年人的健康成长，防止发生人身安全事故。

第二十三条　教育行政等部门和学校、幼儿园、托儿所应当根据需要，制定应对各种灾害、传染性疾病、食物中毒、意外伤害等突发事件的预案，配备相应设施并进行必要的演练，增强未成年人的自我保护意识和能力。

第二十四条　学校对未成年学生在校内或者本校组织的校外活动中发生人身伤害事故的，应当及时救护，妥善处理，并及时向有关主管部门报告。

第二十五条　对于在学校接受教育的有严重不良行为的未成年学生，学校和父母或者其他监护人应当互相配合加以管教；无力管教或者管教无效的，可以按照有关规定将其送专门学校继续接受教育。

依法设置专门学校的地方人民政府应当保障专门学校的办学条件，教育行政部门应当加强对专门学校的管理和指导，有关部门应当给予协助和配合。

专门学校应当对在校就读的未成年学生进行思想教育、文化教育、纪律和法制教育、劳动技术教育和职业教育。

专门学校的教职员工应当关心、爱护、尊重学生，不得歧视、厌弃。

第二十六条　幼儿园应当做好保育、教育工作，促进幼儿在体质、智力、品德等方面和谐发展。

第四章　社会保护

第二十七条　全社会应当树立尊重、保护、教育未成年人的良好风尚，关心、爱护未成年人。

国家鼓励社会团体、企业事业组织以及其他组织和个人，开展多种形式的有利于未成年人健康成长的社会活动。

第二十八条　各级人民政府应当保障未成年人受教育的权利,并采取措施保障家庭经济困难的、残疾的和流动人口中的未成年人等接受义务教育。

第二十九条　各级人民政府应当建立和改善适合未成年人文化生活需要的活动场所和设施,鼓励社会力量兴办适合未成年人的活动场所,并加强管理。

第三十条　爱国主义教育基地、图书馆、青少年宫、儿童活动中心应当对未成年人免费开放;博物馆、纪念馆、科技馆、展览馆、美术馆、文化馆以及影剧院、体育场馆、动物园、公园等场所,应当按照有关规定对未成年人免费或者优惠开放。

第三十一条　县级以上人民政府及其教育行政部门应当采取措施,鼓励和支持中小学校在节假日期间将文化体育设施对未成年人免费或者优惠开放。

社区中的公益性互联网上网服务设施,应当对未成年人免费或者优惠开放,为未成年人提供安全、健康的上网服务。

第三十二条　国家鼓励新闻、出版、信息产业、广播、电影、电视、文艺等单位和作家、艺术家、科学家以及其他公民,创作或者提供有利于未成年人健康成长的作品。出版、制作和传播专门以未成年人为对象的内容健康的图书、报刊、音像制品、电子出版物以及网络信息等,国家给予扶持。

国家鼓励科研机构和科技团体对未成年人开展科学知识普及活动。

第三十三条　国家采取措施,预防未成年人沉迷网络。

国家鼓励研究开发有利于未成年人健康成长的网络产品,推广用于阻止未成年人沉迷网络的新技术。

第三十四条　禁止任何组织、个人制作或者向未成年人出售、出租或者以其他方式传播淫秽、暴力、凶杀、恐怖、赌博等毒害未成年人的图书、报刊、音像制品、电子出版物以及网络信息等。

第三十五条　生产、销售用于未成年人的食品、药品、玩具、用具和游乐设施等，应当符合国家标准或者行业标准，不得有害于未成年人的安全和健康；需要标明注意事项的，应当在显著位置标明。

第三十六条　中小学校园周边不得设置营业性歌舞娱乐场所、互联网上网服务营业场所等不适宜未成年人活动的场所。

营业性歌舞娱乐场所、互联网上网服务营业场所等不适宜未成年人活动的场所，不得允许未成年人进入，经营者应当在显著位置设置未成年人禁入标志；对难以判明是否已成年的，应当要求其出示身份证件。

第三十七条　禁止向未成年人出售烟酒，经营者应当在显著位置设置不向未成年人出售烟酒的标志；对难以判明是否已成年的，应当要求其出示身份证件。

任何人不得在中小学校、幼儿园、托儿所的教室、寝室、活动室和其他未成年人集中活动的场所吸烟、饮酒。

第三十八条　任何组织或者个人不得招用未满十六周岁的未成年人，国家另有规定的除外。

任何组织或者个人按照国家有关规定招用已满十六周岁未满十八周岁的未成年人的，应当执行国家在工种、劳动时间、劳动强度和保护措施等方面的规定，不得安排其从事过重、有毒、有害等危害未成年人身心健康的劳动或者危险作业。

第三十九条　任何组织或者个人不得披露未成年人的个人隐私。

对未成年人的信件、日记、电子邮件，任何组织或者个人不得隐匿、毁弃；除因追查犯罪的需要，由公安机关或者人民检察院依法进行检查，或者对无行为能力的未成年人的信件、日记、电子邮件由其父母或者其他监护人代为开拆、查阅外，任何组织或者个人不得开拆、查阅。

第四十条　学校、幼儿园、托儿所和公共场所发生突发事件时，应当优先救护未成年人。

第四十一条　禁止拐卖、绑架、虐待未成年人，禁止对未成年人实施性侵害。

禁止胁迫、诱骗、利用未成年人乞讨或者组织未成年人进行有害其身心健康的表演等活动。

第四十二条　公安机关应当采取有力措施，依法维护校园周边的治安和交通秩序，预防和制止侵害未成年人合法权益的违法犯罪行为。

任何组织或者个人不得扰乱教学秩序，不得侵占、破坏学校、幼儿园、托儿所的场地、房屋和设施。

第四十三条　县级以上人民政府及其民政部门应当根据需要设立救助场所，对流浪乞讨等生活无着未成年人实施救助，承担临时监护责任；公安部门或者其他有关部门应当护送流浪乞讨或者离家出走的未成年人到救助场所，由救助场所予以救助和妥善照顾，并及时通知其父母或者其他监护人领回。

对孤儿、无法查明其父母或者其他监护人的以及其他生活无着的未成年人，由民政部门设立的儿童福利机构收留抚养。

未成年人救助机构、儿童福利机构及其工作人员应当依法履行职责，不得虐待、歧视未成年人；不得在办理收留抚养工作中牟取利益。

第四十四条　卫生部门和学校应当对未成年人进行卫生保健和营养指导，提供必要的卫生保健条件，做好疾病预防工作。

卫生部门应当做好对儿童的预防接种工作，国家免疫规划项目的预防接种实行免费；积极防治儿童常见病、多发病，加强对传染病防治工作的监督管理，加强对幼儿园、托儿所卫生保健的业务指导和监督检查。

第四十五条　地方各级人民政府应当积极发展托幼事业，办好托儿所、幼儿园，支持社会组织和个人依法兴办哺乳室、托儿所、幼儿园。

各级人民政府和有关部门应当采取多种形式，培养和训练幼儿园、托儿所的保教人员，提高其职业道德素质和业务能力。

第四十六条　国家依法保护未成年人的智力成果和荣誉权不受侵犯。

第四十七条　未成年人已经完成规定年限的义务教育不再升学的，政府有关部门和社会团体、企业事业组织应当根据实际情况，对他们进行职业教育，为他们创造劳动就业条件。

第四十八条　居民委员会、村民委员会应当协助有关部门教育和挽救违法犯罪的未成年人，预防和制止侵害未成年人合法权益的违法犯罪行为。

第四十九条　未成年人的合法权益受到侵害的，被侵害人及其监护人或者其他组织和个人有权向有关部门投诉，有关部门应当依法及时处理。

第五章　司法保护

第五十条　公安机关、人民检察院、人民法院以及司法行政部门，应当依法履行职责，在司法活动中保护未成年人的合法权益。

第五十一条　未成年人的合法权益受到侵害，依法向人民法院提起诉讼的，人民法院应当依法及时审理，并适应未成年人生理、心理特点和健康成长的需要，保障未成年人的合法权益。

在司法活动中对需要法律援助或者司法救助的未成年人，法律援助机构或者人民法院应当给予帮助，依法为其提供法律援助或者司法救助。

第五十二条　人民法院审理继承案件，应当依法保护未成年人的继承权和受遗赠权。

人民法院审理离婚案件，涉及未成年子女抚养问题的，应当听取有表达意愿能力的未成年子女的意见，根据保障子女权益的原则和双方具体情况依法处理。

第五十三条　父母或者其他监护人不履行监护职责或者侵害被监护的未成年人的合法权益，经教育不改的，人民法院可以根据有关人员或者有关单位的申请，撤销其监护人的资格，依法另行指定监护人。被撤销监护资格的父母应当依法继续负担抚养费用。

第五十四条　对违法犯罪的未成年人，实行教育、感化、挽救的方针，坚持教育为主、惩罚为辅的原则。

对违法犯罪的未成年人，应当依法从轻、减轻或者免除处罚。

第五十五条　公安机关、人民检察院、人民法院办理未成年人犯罪案件和涉及未成年人权益保护案件，应当照顾未成年人身心发展特点，尊重他们的人格尊严，保障他们的合法权益，并根据需要设立专门机构或者指定专人办理。

第五十六条　讯问、审判未成年犯罪嫌疑人、被告人，询问未成年证人、被害人，应当依照刑事诉讼法的规定通知其法定代理人或者其他人员到场。

公安机关、人民检察院、人民法院办理未成年人遭受性侵害的刑事案件，应当保护被害人的名誉。

第五十七条　对羁押、服刑的未成年人，应当与成年人分别关押。

羁押、服刑的未成年人没有完成义务教育的，应当对其进行义务教育。

解除羁押、服刑期满的未成年人的复学、升学、就业不受歧视。

第五十八条　对未成年人犯罪案件，新闻报道、影视节目、公开出版物、网络等不得披露该未成年人的姓名、住所、照片、图像以及可能推断出该未成年人的资料。

第五十九条　对未成年人严重不良行为的矫治与犯罪行为的预防，依照预防未成年人犯罪法的规定执行。

第六章　法律责任

第六十条　违反本法规定，侵害未成年人的合法权益，其他法律、法规已规定行政处罚的，从其规定；造成人身财产损失或者其他损害的，依法承担民事责任；构成犯罪的，依法追究刑事责任。

第六十一条　国家机关及其工作人员不依法履行保护未成年人合法权益的责任，或者侵害未成年人合法权益，或者对提出申诉、控告、检举的人进行打击报复的，由其所在单位或者上级机关责令改正，对直接负责的主管人员和其他直接责任人员依法给予行政处分。

第六十二条　父母或者其他监护人不依法履行监护职责，或者侵害未成年人合法权益的，由其所在单位或者居民委员会、村民委员会予以劝诫、制止；构成违反治安管理行为的，由公安机关依法给予行政处罚。

第六十三条　学校、幼儿园、托儿所侵害未成年人合法权益的，由教育行政部门或者其他有关部门责令改正；情节严重的，对直接负责的主管人员和其他直接责任人员依法给予处分。

学校、幼儿园、托儿所教职员工对未成年人实施体罚、变相体罚或者其他侮辱人格行为的，由其所在单位或者上级机关责令改正；情节严重的，依法给予处分。

第六十四条　制作或者向未成年人出售、出租或者以其他方式传播淫秽、暴力、凶杀、恐怖、赌博等图书、报刊、音像制品、电子出版物以及网络信息等的，由主管部门责令改正，依法给予行政处罚。

第六十五条　生产、销售用于未成年人的食品、药品、玩具、用具和游乐设施不符合国家标准或者行业标准，或者没有在显著位置标明注意事项的，由主管部门责令改正，依法给予行政处罚。

第六十六条　在中小学校园周边设置营业性歌舞娱乐场所、互联网上网服务营业场所等不适宜未成年人活动的场所的，由主管部门予以关闭，依法给予行政处罚。

营业性歌舞娱乐场所、互联网上网服务营业场所等不适宜未成年人活动的场所允许未成年人进入，或者没有在显著位置设置未成年人禁入标志的，由主管部门责令改正，依法给予行政处罚。

第六十七条　向未成年人出售烟酒，或者没有在显著位置设置不向未成年人出售烟酒标志的，由主管部门责令改正，依法给予行政处罚。

第六十八条　非法招用未满十六周岁的未成年人，或者招用已满十六周岁的未成年人从事过重、有毒、有害等危害未成年人身心健康的劳动或者危险作业的，由劳动保障部门责令改正，处以罚款；情节严重的，由工商行政管理部门吊销营业执照。

第六十九条　侵犯未成年人隐私，构成违反治安管理行为的，由公安机关依法给予行政处罚。

第七十条　未成年人救助机构、儿童福利机构及其工作人员不依法履行对未成年人的救助保护职责，或者虐待、歧视未成年人，或者在办理收留抚养工作中牟取利益的，由主管部门责令改正，依法给予行政处分。

第七十一条　胁迫、诱骗、利用未成年人乞讨或者组织未成年人进行有害其身心健康的表演等活动的，由公安机关依法给予行政处罚。

第七章　附则

第七十二条　本法自 2013 年 1 月 1 日起施行。

附录二　《中华人民共和国预防未成年人犯罪法》（修正本）

第一章　总则

第一条　为了保障未成年人身心健康，培养未成年人良好品行，有效地预防未成年人犯罪，制定本法。

第二条　预防未成年人犯罪，立足于教育和保护，从小抓起，对未成年人的不良行为及时进行预防和矫治。

第三条　预防未成年人犯罪，在各级人民政府组织领导下，实行综合治理。

政府有关部门、司法机关、人民团体、有关社会团体、学校、家庭、城市居民委员会、农村村民委员会等各方面共同参与，各负其责，做好预防未成年人犯罪工作，为未成年人身心健康发展创造良好的社会环境。

第四条　各级人民政府在预防未成年人犯罪方面的职责是：

制定预防未成年人犯罪工作的规划；

组织、协调公安、教育、文化、新闻出版、广播电影电视、工商、民政、司法行政等政府有关部门和其他社会组织进行预防未成年人犯罪工作；

对本法实施的情况和工作规划的执行情况进行检查；

总结、推广预防未成年人犯罪工作的经验，树立、表彰先进典型。

第五条　预防未成年人犯罪，应当结合未成年人不同年龄的生理、心理特点，加强青春期教育、心理矫治和预防犯罪对策的研究。

第二章　预防未成年人犯罪的教育

第六条　对未成年人应当加强思想、道德、法制和爱国主义、集体主义、社会主义教育。对于达到义务教育年龄的未成年人，在进行上述教育的同时，应当进行预防犯罪的教育。

预防未成年人犯罪的教育的目的，是增强未成年人的法制观念，使未成年人懂得违法和犯罪行为对个人、家庭、社会造成的危害，违法和犯罪行为应当承担的法律责任，树立遵纪守法和防范违法犯罪的意识。

第七条 教育行政部门、学校应当将预防犯罪的教育作为法制教育的内容纳入学校教育教学计划，结合常见多发的未成年人犯罪，对不同年龄的未成年人进行有针对性的预防犯罪教育。

第八条 司法行政部门、教育行政部门、共产主义青年团、少年先锋队应当结合实际，组织、举办展览会、报告会、演讲会等多种形式的预防未成年人犯罪的法制宣传活动。

学校应当结合实际举办以预防未成年人犯罪的教育为主要内容的活动。教育行政部门应当将预防未成年人犯罪教育的工作效果作为考核学校工作的一项重要内容。

第九条 学校应当聘任从事法制教育的专职或者兼职教师。学校根据条件可以聘请校外法律辅导员。

第十条 未成年人的父母或者其他监护人对未成年人的法制教育负有直接责任。学校在对学生进行预防犯罪教育时，应当将教育计划告知未成年人的父母或者其他监护人，未成年人的父母或者其他监护人应当结合学校的计划，针对具体情况进行教育。

第十一条 少年宫、青少年活动中心等校外活动场所应当把预防未成年人犯罪的教育作为一项重要的工作内容，开展多种形式的宣传教育活动。

第十二条 对于已满十六周岁不满十八周岁准备就业的未成年人，职业教育培训机构、用人单位应当将法律知识和预防犯罪教育纳入职业培训的内容。

第十三条 城市居民委员会、农村村民委员会应当积极开展有针对性的预防未成年人犯罪的法制宣传活动。

第三章　对未成年人不良行为的预防

第十四条　未成年人的父母或者其他监护人和学校应当教育未成年人不得有下列不良行为：

旷课、夜不归宿；

携带管制刀具；

打架斗殴、辱骂他人；

强行向他人索要财物；

偷窃、故意毁坏财物；

参与赌博或者变相赌博；

观看、收听色情、淫秽的音像制品、读物等；

进入法律、法规规定未成年人不适宜进入的营业性歌舞厅等场所；

其他严重违背社会公德的不良行为。

第十五条　未成年人的父母或者其他监护人和学校应当教育未成年人不得吸烟、酗酒。任何经营场所不得向未成年人出售烟酒。

第十六条　中小学生旷课的，学校应当及时与其父母或者其他监护人取得联系。

未成年人擅自外出夜不归宿的，其父母或者其他监护人、其所在的寄宿制学校应当及时查找，或者向公安机关请求帮助。收留夜不归宿的未成年人的，应当征得其父母或者其他监护人的同意，或者在二十四小时内及时通知其父母或者其他监护人、所在学校或者及时向公安机关报告。

第十七条　未成年人的父母或者其他监护人和学校发现未成年人组织或者参加实施不良行为的团伙的，应当及时予以制止。发现该团伙有违法犯罪行为的，应当向公安机关报告。

第十八条　未成年人的父母或者其他监护人和学校发现有人教唆、胁迫、引诱未成年人违法犯罪的，应当向公安机关报告。公安机关接到报告后，应当及时依法查处，对未成年人人身安全受到威胁的，应当及时采取有效措施，保护其人身安全。

第十九条　未成年人的父母或者其他监护人，不得让不满十六周岁的未成年人脱离监护单独居住。

第二十条　未成年人的父母或者其他监护人对未成年人不得放任不管，不得迫使其离家出走，放弃监护职责。

未成年人离家出走的，其父母或者其他监护人应当及时查找，或者向公安机关请求帮助。

第二十一条　未成年人的父母离异的，离异双方对子女都有教育的义务，任何一方都不得因离异而不履行教育子女的义务。

第二十二条　继父母、养父母对受其抚养教育的未成年继子女、养子女、应当履行本法规定的父母对未成年子女在预防犯罪方面的职责。

第二十三条　学校对有不良行为的未成年人应当加强教育、管理，不得歧视。

第二十四条　教育行政部门、学校应当举办各种形式的讲座、座谈、培训等活动，针对未成年人不同时期的生理、心理特点，介绍良好有效的教育方法，指导教师、未成年人的父母和其他监护人有效地防止、矫治未成年人的不良行为。

第二十五条　对于教唆、胁迫、引诱未成年人实施不良行为或者品行不良，影响恶劣，不适宜在学校工作的教职员工，教育行政部门、学校应当予以解聘或者辞退；构成犯罪的，依法追究刑事责任。

第二十六条　禁止在中小学校附近开办营业性歌舞厅、营业性电子游戏场所以及其他未成年人不适宜进入的场所。禁止开办上述场所的具体范围由省、自治区、直辖市人民政府规定。

对本法施行前已在中小学校附近开办上述场所的，应当限期迁移或者停业。

第二十七条　公安机关应当加强中小学校周围环境的治安管理，及时制止、处理中小学校周围发生的违法犯罪行为。城市居民委员会、农村村民委员会应当协助公安机关做好维护中小学校周围治安的工作。

第二十八条　公安派出所、城市居民委员会、农村村民委员会应当掌握本辖区内暂住人口中未成年人的就学、就业情况。对于暂住人口中未成年人实施不良行为的，应当督促其父母或者其他监护人进行有效的教育、制止。

第二十九条 任何人不得教唆、胁迫、引诱未成年人实施本法规定的不良行为，或者为未成年人实施不良行为提供条件。

第三十条 以未成年人为对象的出版物，不得含有诱发未成年人违法犯罪的内容，不得含有渲染暴力、色情、赌博、恐怖活动等危害未成年人身心健康的内容。

第三十一条 任何单位和个人不得向未成年人出售、出租含有诱发未成年人违法犯罪以及渲染暴力、色情、赌博、恐怖活动等危害未成年人身心健康内容的读物、音像制品或者电子出版物。

任何单位和个人不得利用通讯、计算机网络等方式提供前款规定的危害未成年人身心健康的内容及其信息。

第三十二条 广播、电影、电视、戏剧节目，不得有渲染暴力、色情、赌博、恐怖活动等危害未成年人身心健康的内容。

广播电影电视行政部门、文化行政部门必须加强对广播、电影、电视、戏剧节目以及各类演播场所的管理。

第三十三条 营业性歌舞厅以及其他未成年人不适宜进入的场所，应当设置明显的未成年人禁止进入标志，不得允许未成年人进入。

营业性电子游戏场所在国家法定节假日外，不得允许未成年人进入，并应当设置明显的未成年人禁止进入标志。

对于难以判明是否已成年的，上述场所的工作人员可以要求其出示身份证件。

第四章 对未成年人严重不良行为的矫治

第三十四条 本法所称"严重不良行为"，是指下列严重危害社会，尚不够刑事处罚的违法行为：

纠集他人结伙滋事，扰乱治安；

携带管制刀具，屡教不改；

多次拦截殴打他人或者强行索要他人财物；

传播淫秽的读物或者音像制品等；

进行淫乱或者色情、卖淫活动；

多次偷窃；

参与赌博，屡教不改；

吸食、注射毒品；

其他严重危害社会的行为。

第三十五条　对未成年人实施本法规定的严重不良行为的，应当及时予以制止。

对有本法规定严重不良行为的未成年人，其父母或者其他监护人和学校应当相互配合，采取措施严加管教，也可以送工读学校进行矫治和接受教育。

对未成年人送工读学校进行矫治和接受教育，应当由其父母或者其他监护人，或者原所在学校提出申请，经教育行政部门批准。

第三十六条　工读学校对就读的未成年人应当严格管理和教育。工读学校除按照义务教育法的要求，在课程设置上与普通学校相同外，应当加强法制教育的内容，针对未成年人严重不良行为产生的原因以及有严重不良行为的未成年人的心理特点，开展矫治工作。

家庭、学校应当关心、爱护在工读学校就读的未成年人，尊重他们的人格尊严，不得体罚、虐待和歧视。工读学校毕业的未成年人在升学、就业等方面，同普通学校毕业的学生享有同等的权利，任何单位和个人不得歧视。

第三十七条　未成年人有本法规定严重不良行为，构成违反治安管理行为的，由公安机关依法予以治安处罚。因不满十四周岁或者情节特别轻微免予处罚的，可以予以训诫。

第三十八条　未成年人因不满十六周岁不予刑事处罚的，责令他的父母或者其他监护人严加管教；在必要的时候，也可以由政府依法收容教养。

第三十九条　未成年人在被收容教养期间，执行机关应当保证其继续接受文化知识、法律知识或者职业技术教育；对没有完成义务教育的未成年人，执行机关应当保证其继续接受义务教育。

解除收容教养、劳动教养的未成年人，在复学、升学、就业等方面与其他未成年人享有同等权利，任何单位和个人不得歧视。

第五章　未成年人对犯罪的自我防范

第四十条　未成年人应当遵守法律、法规及社会公共道德规范，树立自尊、自律、自强意识，增强辨别是非和自我保护的能力，自觉抵制各种不良行为及违法犯罪行为的引诱和侵害。

第四十一条　被父母或者其他监护人遗弃、虐待的未成年人，有权向公安机关、民政部门、共产主义青年团、妇女联合会、未成年人保护组织或者学校、城市居民委员会、农村村民委员会请求保护。被请求的上述部门和组织都应当接受，根据情况需要采取救助措施的，应当先采取救助措施。

第四十二条　未成年人发现任何人对自己或者对其他未成年人实施本法第三章规定不得实施的行为或者犯罪行为，可以通过所在学校、其父母或者其他监护人向公安机关或者政府有关主管部门报告，也可以自己向上述机关报告。受理报告的机关应当及时依法查处。

第四十三条　对同犯罪行为作斗争以及举报犯罪行为的未成年人，司法机关、学校、社会应当加强保护，保障其不受打击报复。

第六章　对未成年人重新犯罪的预防

第四十四条　对犯罪的未成年人追究刑事责任，实行教育、感化、挽救方针，坚持教育为主、惩罚为辅的原则。

司法机关办理未成年人犯罪案件，应当保障未成年人行使其诉讼权利，保障未成年人得到法律帮助，并根据未成年人的生理、心理特点和犯罪的情况，有针对性地进行法制教育。

对于被采取刑事强制措施的未成年学生，在人民法院的判决生效以前，不得取消其学籍。

第四十五条　人民法院审判未成年人犯罪的刑事案件，应当由熟悉未成年人身心特点的审判员或者审判员和人民陪审员依法组成少年法庭进行。

对于审判的时候被告人不满十八周岁的刑事案件,不公开审理。

对未成年人犯罪案件,新闻报道、影视节目、公开出版物不得披露该未成年人的姓名、住所、照片及可能推断出该未成年人的资料。

第四十六条 对被拘留、逮捕和执行刑罚的未成年人与成年人应当分别关押、分别管理、分别教育。未成年犯在被执行刑罚期间,执行机关应当加强对未成年犯的法制教育,对未成年犯进行职业技术教育。对没有完成义务教育的未成年犯,执行机关应当保证其继续接受义务教育。

第四十七条 未成年人的父母或者其他监护人和学校、城市居民委员会、农村村民委员会、对因不满十六周岁而不予刑事处罚、免予刑事处罚的未成年人,或者被判处非监禁刑罚、被判处刑罚宣告缓刑、被假释的未成年人,应当采取有效的帮教措施,协助司法机关做好对未成年人的教育、挽救工作。

城市居民委员会、农村村民委员会可以聘请思想品德优秀,作风正派,热心未成年人教育工作的离退休人员或其他人员协助做好对前款规定的未成年人的教育、挽救工作。

第四十八条 依法免予刑事处罚、判处非监禁刑罚、判处刑罚宣告缓刑、假释或者刑罚执行完毕的未成年人,在复学、升学、就业等方面与其他未成年人享有同等权利,任何单位和个人不得歧视。

第七章 法律责任

第四十九条 未成年人的父母或者其他监护人不履行监护职责,放任未成年人有本法规定的不良行为或者严重不良行为的,由公安机关对未成年人的父母或者其他监护人予以训诫,责令其严加管教。

第五十条 未成年人的父母或者其他监护人违反本法第十九条的规定,让不满十六周岁的未成年人脱离监护单独居住的,由公安机关对未成年人的父母或者其他监护人予以训诫,责令其立即改正。

第五十一条 公安机关的工作人员违反本法第十八条的规定,接到报告后，不及时查处或者采取有效措施，严重不负责任的，予以行政处分；造成严重后果，构成犯罪的，依法追究刑事责任。

第五十二条　违反本法第三十条的规定，出版含有诱发未成年人违法犯罪以及渲染暴力、色情、赌博、恐怖活动等危害未成年人身心健康内容的出版物的，由出版行政部门没收出版物和违法所得，并处违法所得三倍以上十倍以下罚款；情节严重的，没收出版物和违法所得，并责令停业整顿或者吊销许可证。对直接负责的主管人员和其他直接责任人员处以罚款。

制作、复制宣扬淫秽内容的未成年人出版物，或者向未成年人出售、出租、传播宣扬淫秽内容的出版物的，依法予以治安处罚；构成犯罪的，依法追究刑事责任。

第五十三条　违反本法第三十一条的规定，向未成年人出售、出租含有诱发未成年人违法犯罪以及渲染暴力、色情、赌博、恐怖活动等危害未成年人身心健康内容的读物、音像制品、电子出版物的，或者利用通讯、计算机网络等方式提供上述危害未成年人身心健康内容及其信息的，没收读物、音像制品、电子出版物和违法所得，由政府有关主管部门处以罚款。

单位有前款行为的，没收读物、音像制品、电子出版物和违法所得，处以罚款，并对直接负责的主管人员和其他直接责任人员处以罚款。

第五十四条　影剧院、录像厅等各类演播场所，放映或者演出渲染暴力、色情、赌博。恐怖活动等危害未成年人身心健康的节目的，由政府有关主管部门没收违法播放的音像制品和违法所得，处以罚款，并对直接负责的主管人员和其他直接责任人员处以罚款；情节严重的，责令停业整顿或者由工商行政部门吊销营业执照。

第五十五条　营业性歌舞厅以及其他未成年人不适宜进入的场所、营业性电子游戏场所，违反本法第三十三条的规定，不设置明显的未成年人禁止进入标志，或者允许未成年人进入的，由文化行政部门责令改正、给予警告、责令停业整顿、没收违法所得，处以罚款，并对直接负责的主管人员和其他直接责任人员处以罚款；情节严重的，由工商行政部门吊销营业执照。

第五十六条　教唆、胁迫、引诱未成年人实施本法规定的不良行为、严重不良行为，或者为未成年人实施不良行为、严重不良行为提供条件，构成违反治安管理行为的，由公安机关依法予以治安处罚；构成犯罪的，依法追究刑事责任。

第八章　附则

第五十七条　本法自1999年11月1日起施行。

附录三　教育部等九部门关于防治中小学生欺凌和暴力的指导意见

各省、自治区、直辖市教育厅（教委）、综治办、高级人民法院、人民检察院、公安厅（局）、民政厅（局）、司法厅（局）、团委、妇联，新疆生产建设兵团教育局、综治办、人民法院、人民检察院、公安局、民政局、司法局、团委、妇联：

在党中央、国务院的正确领导下，在各级党委政府及教育、综治、公安、司法等有关部门和共青团、妇联等群团组织的共同努力下，发生在中小学生之间的欺凌和暴力事件得到遏制，预防青少年违法犯罪工作取得明显成效。但是，由于在落实主体责任、健全制度措施、实施教育惩戒、形成工作合力等方面还存在薄弱环节，少数地方学生之间欺凌和暴力问题仍时有发生，损害了学生身心健康，造成了不良社会影响。为全面贯彻党的教育方针，落实立德树人根本任务，切实防治学生欺凌和暴力事件的发生，现提出如下指导意见。

一、积极有效预防学生欺凌和暴力

1. 切实加强中小学生思想道德教育、法治教育和心理健康教育

各地要紧密联系中小学生的思想实际，积极培育和践行社会主义核心价值观。落实《中小学生守则（2015年修订）》，引导全体中小学生从小知礼仪、明是非、守规矩，做到珍爱生命、尊重他人、团结友善、不恃强凌弱，弘扬公序良俗、传承中华美德。落实《中小学法制教育指导纲要》、《青少年法治教育大纲》，开展"法治进校园"全国巡讲活动，让学生知晓基本的法律边界和行为底线，消除未成年人违法犯罪不需要承担任何责任的错误认识，养成遵规守法的良好行为习惯。落实《中小学心理健康教育指导纲要（2012年修订）》，培养学生健全人格和积极心理品质，对有心理困扰或心理问题的学生开展科学有效的心理辅导，提高其心理健康水平。切实加强家庭教育，家长要注重家风建设，加强对孩子的管教，注重孩子思想品德教育和良好行为习惯培养，从源头上预防学生欺凌和暴力行为发生。

2.认真开展预防欺凌和暴力专题教育

各地要在专项整治的基础上，结合典型案例，集中开展预防学生欺凌和暴力专题教育。要强化学生校规校纪教育，通过课堂教学、专题讲座、班团队会、主题活动、编发手册、参观实践等多种形式，提高学生对欺凌和暴力行为严重危害性的认识，增强自我保护意识和能力，自觉遵守校规校纪，做到不实施欺凌和暴力行为。研制学校防治学生欺凌和暴力的指导手册，全面加强教职工特别是班主任专题培训，提高教职工有效防治学生欺凌和暴力的责任意识和能力水平。要通过家访、家长会、家长学校等途径，帮助家长了解防治学生欺凌和暴力知识，增强监护责任意识，提高防治能力。要加强中小学生违法犯罪预防综合基地和人才建设，为开展防治学生欺凌和暴力专题教育提供支持和帮助。

3.严格学校日常安全管理

中小学校要制定防治学生欺凌和暴力工作制度，将其纳入学校安全工作统筹考虑，健全应急处置预案，建立早期预警、事中处理及事后干预等机制。要加强师生联系，密切家校沟通，及时掌握学生思想情绪和同学关系状况，特别要关注学生有无学习成绩突然下滑、精神恍惚、情绪反常、无故旷课等异常表现及产生的原因，对可能的欺凌和暴力行为做到早发现、早预防、早控制。严格落实值班、巡查制度，禁止学生携带管制刀具等危险物品进入学校，针对重点学生、重点区域、重点时段开展防治工作。对发现的欺凌和暴力事件线索和苗头要认真核实、准确研判，对早期发现的轻微欺凌事件，实施必要的教育、惩戒。

4.强化学校周边综合治理

各级综治组织要加大新形势下群防群治工作力度，实现人防物防技防在基层综治中心的深度融合，动员社会各方面力量做好校园周边地区安全防范工作。要依托全国社会治安综合治理信息系统，整合各有关部门信息资源，发挥青少年犯罪信息数据库作用，加强对重点青少年群体的动态研判。进一步加强校园及周边地区社会治安防控体系建设，作为公共安全视频监控建设联网应用示范工作的重要内容，推进校园及周边地区公共安全视频监控系统全覆盖，加大视频图像集成应用力度，实现对青少年违法犯罪活动的预测预警、实时监控、轨迹追踪及动态管控。把学校周边作为社会治安重点地区排查整治工作的重点，加强组织部署和检查考核。要对中小学生欺凌和暴力问题突出的地区和单位，根据《中共中央办公厅国务院办公厅关于印发〈健全落实社会治安综合治理领导责任制规定〉的通知》要求，通过通报、约谈、挂牌督办、实施一票否决权制等方式进行综治领导责任督导和追究。公安机关要在治安情况复杂、问题较多的学校周边设置警务室或治安岗亭，密切与学校的沟通协作，积极配合学校排查发现学生欺凌和暴力隐患苗头，并及时预防处置。要加强学生上下学重要时段、学生途经重点路段的巡逻防控和治安盘查，对发现的苗头性、倾向性欺凌和暴力问题，要采取相应防范措施并通知学校和家长，及时干预，震慑犯罪。

二、依法依规处置学生欺凌和暴力事件

5.保护遭受欺凌和暴力学生身心安全

各地要建立中小学生欺凌和暴力事件及时报告制度，一旦发现学生遭受欺凌和暴力，学校和家长要及时相互通知，对严重的欺凌和暴力事件，要向上级教育主管部门报告，并迅速联络公安机关介入处置。报告时相关人员有义务保护未成年人合法权益，学校、家长、公安机关及媒体应

保护遭受欺凌和暴力学生以及知情学生的身心安全,严格保护学生隐私,防止泄露有关学生个人及其家庭的信息。特别要防止网络传播等因素导致事态蔓延,造成恶劣社会影响,使受害学生再次受到伤害。

6. 强化教育惩戒威慑作用

对实施欺凌和暴力的中小学生必须依法依规采取适当的矫治措施予以教育惩戒,既做到真情关爱、真诚帮助,力促学生内心感化、行为转化,又充分发挥教育惩戒措施的威慑作用。对实施欺凌和暴力的学生,学校和家长要进行严肃的批评教育和警示谈话,情节较重的,公安机关应参与警示教育。对屡教不改、多次实施欺凌和暴力的学生,应登记在案并将其表现记入学生综合素质评价,必要时转入专门学校就读。对构成违法犯罪的学生,根据《刑法》、《治安管理处罚法》、《预防未成年人犯罪法》等法律法规予以处置,区别不同情况,责令家长或者监护人严加管教,必要时可由政府收容教养,或者给予相应的行政、刑事处罚,特别是对犯罪性质和情节恶劣、手段残忍、后果严重的,必须坚决依法惩处。对校外成年人教唆、胁迫、诱骗、利用在校中小学生违法犯罪行为,必须依法从重惩处,有效遏制学生欺凌和暴力等案事件发生。各级公安、检察、审判机关要依法办理学生欺凌和暴力犯罪案件,做好相关侦查、审查逮捕、审查起诉、诉讼监督、审判和犯罪预防工作。

7. 实施科学有效的追踪辅导

欺凌和暴力事件妥善处置后,学校要持续对当事学生追踪观察和辅导教育。对实施欺凌和暴力的学生,要充分了解其行为动机和深层原因,有针对性地进行教育引导和帮扶,给予其改过机会,避免歧视性对待。对遭受欺凌和暴力的学生及其家人提供帮助,及时开展相应的心理辅导和家庭支持,帮助他们尽快走出心理阴影,树立自信,恢复正常学习生活。对确实难以回归本校本班学习的当事学生,教育部门和学校要妥善做好班级调整和转学工作。要认真做好学生欺凌和暴力典型事件通报工作,既要充分发挥警示教育作用,又要注意不过分渲染事件细节。

三、切实形成防治学生欺凌和暴力的工作合力

8. 加强部门统筹协调

各地要把防治学生欺凌和暴力工作作为全面依法治国、建设社会主义和谐社会的重要任务。教育、综治、人民法院、人民检察院、公安、民政、司法、共青团、妇联等部门组织，应成立防治学生欺凌和暴力工作领导小组，明确任务分工，强化工作职责，完善防治办法，加强考核检查，健全工作机制，形成政府统一领导、相关部门齐抓共管、学校家庭社会三位一体的工作合力。

9. 依法落实家长监护责任

管教孩子是家长的法定监护职责。引导广大家长要增强法治意识，掌握科学的家庭教育理念，尽量多安排时间与孩子相处交流，及时了解孩子的日常表现和思想状况，积极与学校沟通情况，自觉发挥榜样作用，切实加强对孩子的管教，特别要做好孩子离校后的监管看护教育工作，避免放任不管、缺教少护、教而不当。要落实监护人责任追究制度，根据《民法》等相关法律法规，未成年学生对他人的人身和财产造成损害的，依法追究其监护人的法律责任。

10. 加强平安文明校园建设

中小学校要把防治学生欺凌和暴力作为加强平安文明校园建设的重要内容。学校党组织要充分发挥政治核心作用，加强组织协调和教育引导。校长是学校防治学生欺凌和暴力的第一责任人，分管法治教育副校长和班主任是直接责任人，要充分调动全体教职工的积极性，明确相关岗位职责，将学校防治学生欺凌和暴力的各项工作落实到每个管理环节、每位教职工。要努力创造温馨和谐、积极向上的校园环境，重视校园绿化、美化和人文环境建设。加强优良校风、教风、学风建设，开展内容健康、格调高雅、丰富多彩的校园活动，形成团结向上、互助友爱、文明和谐的校园氛围，激励学生爱学校、爱老师、爱同学，提高校园整体文明程度。要健全各项管理制度、校规校纪，落实《义务教育学校管理标准》，提高学校治理水平，推进依法依规治校,建设无欺凌和暴力的平安文明校园。

11. 全社会共同保护未成年学生健康成长

要建立学校、家庭、社区（村）、公安、司法、媒体等各方面沟通协作机制，畅通信息共享渠道，进一步加强对学生保护工作的正面宣传引导，防止媒体过度渲染报道事件细节，避免学生欺凌和暴力通过网络新媒体扩散演变为网络欺凌，消除暴力文化通过不良出版物、影视节目、网络游戏侵蚀、影响学生的心理和行为，引发连锁性事件。要依托各地12355青少年服务台，开设自护教育热线，组织专业社会工作者、公益律师、志愿者开展有针对性的自护教育、心理辅导和法律咨询。坚持标本兼治、常态长效，净化社会环境，强化学校周边综合治理，切实为保护未成年人平安健康成长提供良好社会环境。

教育部 中央综治办 最高人民法院
最高人民检察院 公安部 民政部
司法部 共青团中央 全国妇联
2016年11月1日

附录四 关于开展校园欺凌专项治理的通知

各省、自治区、直辖市教育厅（教委）、人民政府教育督导部门，新疆生产建设兵团教育局、教育督导部门：

近年来，发生在学生之间蓄意或恶意通过肢体、语言及网络等手段，实施欺负、侮辱造成伤害的校园欺凌事件，损害了学生身心健康，引起了社会高度关注。为加强对此类事件的预防和处理，国务院教育督导委员会办公室决定开展校园欺凌专项治理。现将有关事项通知如下：

一、治理目的

通过专项治理，加强法制教育，严肃校规校纪，规范学生行为，促进学生身心健康，建设平安校园、和谐校园。

二、治理范围

全国中小学校（含中等职业学校）

三、安排及要求

本次专项治理分为两个阶段。

第一阶段：2016年4月—7月

1. 开展教育。各校要集中对学生开展以校园欺凌治理为主题的专题教育，开展品德、心理健康和安全教育，邀请公安、司法等相关部门到校开展法制教育。组织教职工集中学习对校园欺凌事件预防和处理的相关政策、措施和方法等。

2. 完善制度。各校要制定完善校园欺凌的预防和处理制度、措施，建立校园欺凌事件应急处置预案，明确相关岗位教职工预防和处理校园欺凌的职责。

3. 加强预防。各校要加强校园欺凌治理的人防、物防和技防建设，充分利用心理咨询室开展学生心理健康咨询和疏导，公布学生救助或校园欺凌治理的电话号码并明确负责人。

4. 及时处理。各校要及时发现、调查处置校园欺凌事件，严肃处理实施欺凌的学生。涉嫌违法犯罪的，要及时向公安部门报案并配合立案查处。

5. 监督指导。各地教育督导部门要加强对学校开展校园欺凌专项治理的指导和检查。责任督学要对责任区内学校的专项治理全程监督，发现问题及时与校方沟通，做好记录并及时向当地教育督导部门报告。

6. 组织部署。各地接到本通知后要高度重视，制定本省（区、市）开展校园欺凌专项治理的具体实施方案，抓紧部署，组织市、县两级教育督导部门和学校认真实施。

第二阶段：2016年9月—12月

各地各校要对专项治理第一阶段专题教育情况、规章制度完善情况、加强预防工作情况、校园欺凌事件发生和处理情况等，进行全面自查、督查和总结，形成报告并逐级上报。

1. 学校自查。各校按照要求进行全面自查和总结，于2016年9月15日前形成自查报告并报县级教育督导部门。

2. 县级普查。县级教育督导部门要组织督查组对县域内所有中小学校专项治理情况进行全面督查，于2016年9月30日前将督查情况报市级教育督导部门、教育行政部门及本级政府。

3. 市级复查。市级教育督导部门要组织督查组对所辖县（市、区）专项治理情况进行复查，复查抽取县级单位比例不低于1/3，每县抽取学校数量不少于6所。复查结束后，于2016年10月20日前将复查报告，连同所辖县（市、区）的督查报告一并报送省级教育督导部门、教育行政部门及本级政府。

4. 省级抽查。省级教育督导部门要组织督查组对本省专项治理情况进行抽查，抽取市级单位不少于3个，每个市级单位抽取县级单位不少于2个，每县抽查学校数量不少于6所。抽查结束后，于2016年11月15日前将专项治理报告报国务院教育督导委员会办公室，同时报省级政府。

国务院教育督导委员会办公室将根据各地治理情况，组织督查组对各地专项治理情况进行实地督查。专项治理期间仍发生校园欺凌事件，造成恶劣影响的，将予以通报、追责问责并督促整改。

国务院教育督导委员会办公室
2016年4月28日

附录五　加强中小学生欺凌综合治理方案

加强中小学生欺凌综合治理是中小学校安全工作的重点和难点，事关亿万中小学生的身心健康和全面发展，事关千家万户的幸福和社会和谐稳定，事关中华民族的未来和伟大复兴。为深入贯彻党的十九大精神，有效防治中小学生欺凌，依据相关法律法规，制定本方案。

一、指导思想

以习近平新时代中国特色社会主义思想为指导，全面贯彻党的教育方针，落实立德树人根本任务，大力培育和弘扬社会主义核心价值观，不断提高中小学生思想道德素质，健全预防、处置学生欺凌的工作体制和规章制度，以形成防治中小学生欺凌长效机制为目标，以促进部门协作、上下联动、形成合力为保障，确保中小学生欺凌防治工作落到实处，把校园建设成最安全、最阳光的地方，办好人民满意的教育，为培养德智体美全面发展的社会主义建设者和接班人创造良好条件。

二、基本原则

（一）坚持教育为先。深入开展中小学生思想道德教育、法治教育、心理健康教育，促进提高人民群众的思想觉悟、道德水准、文明素养，提高全社会文明程度，特别要加强防治学生欺凌专题教育，培养校长、教师、学生及家长等不同群体积极预防和自觉反对学生欺凌的意识。

（二）坚持预防为主。完善有关规章制度，及时排查可能导致学生欺凌事件发生的苗头隐患，强化学校及周边日常安全管理，加强欺凌事件易发现场监管，完善学生寻求帮助的维权渠道。

（三）坚持保护为要。切实保障学生的合法权益，严格保护学生隐私，尊重学生的人格尊严。切实保护被欺凌学生的身心健康，防止二次伤害发生，帮助被欺凌学生尽早恢复正常的学习生活。

（四）坚持法治为基。按照全面依法治国的要求，依法依规处置学生欺凌事件，按照"宽容不纵容、关爱又严管"的原则，对实施欺凌的学生予以必要的处置及惩戒，及时纠正不当行为。

三、治理内容及措施

（一）明确学生欺凌的界定

中小学生欺凌是发生在校园（包括中小学校和中等职业学校）内外、学生之间，一方（个体或群体）单次或多次蓄意或恶意通过肢体、语言及网络等手段实施欺负、侮辱，造成另一方（个体或群体）身体伤害、财产损失或精神损害等的事件。

在实际工作中，要严格区分学生欺凌与学生间打闹嬉戏的界定，正确合理处理。

（二）建立健全防治学生欺凌工作协调机制

各地要组织协调有关部门、群团组织，建立健全防治学生欺凌工作协调机制，统筹推进学生欺凌治理工作，妥善处理学生欺凌重大事件，正确引导媒体和网络舆情。教育行政（主管）部门和学校要重点抓好校园内欺凌事件的预防和处置；各部门要加强协作，综合治理，做好校园外欺凌事件的预防和处置。

（三）积极有效预防

1. 指导学校切实加强教育。中小学校要通过每学期开学时集中开展教育、学期中在道德与法治等课程中专门设置教学模块等方式，定期对中小学生进行学生欺凌防治专题教育。学校共青团、少先队组织要配合学校开展好法治宣传教育、安全自护教育。

2. 组织开展家长培训。通过组织学校或社区定期开展专题培训课等方式，加强家长培训，引导广大家长增强法治意识，落实监护责任，帮助家长了解防治学生欺凌知识。

3. 严格学校日常管理。学校根据实际成立由校长负责，教师、少先队大中队辅导员、教职工、社区工作者和家长代表、校外专家等人员组成的学生欺凌治理委员会（高中阶段学校还应吸纳学生代表）。加快推进将校园视频监控系统、紧急报警装置等接入公安机关、教育部门监控和报警平台，逐步建立校园安全网上巡查机制。学校要制定防治学生欺凌工作各项规章制度的工作要求，主要包括：相关岗位教职工防治学生欺凌的职责、学生欺凌事件应急处置预案、学生欺凌的早期预警和事中处理及事后干预的具体流程、校规校纪中对实施欺凌学生的处罚规定等。

4.定期开展排查。教育行政部门要通过委托专业第三方机构或组织学校开展等方式，定期开展针对全体学生的防治学生欺凌专项调查，及时查找可能发生欺凌事件的苗头迹象或已经发生、正在发生的欺凌事件。

（四）依法依规处置

1.严格规范调查处理。学生欺凌事件的处置以学校为主。教职工发现、学生或者家长向学校举报的，应当按照学校的学生欺凌事件应急处置预案和处理流程对事件及时进行调查处理，由学校学生欺凌治理委员会对事件是否属于学生欺凌行为进行认定。原则上学校应在启动调查处理程序10日内完成调查，根据有关规定处置。

2.妥善处理申诉请求。各地教育行政部门要明确具体负责防治学生欺凌工作的处（科）室并向社会公布。县级防治学生欺凌工作部门负责处理学生欺凌事件的申诉请求。学校学生欺凌治理委员会处理程序妥当、事件比较清晰的，应以学校学生欺凌治理委员会的处理结果为准；确需复查的，由县级防治学生欺凌工作部门组织学校代表、家长代表和校外专家等组成调查小组启动复查。复查工作应在15日内完成，对事件是否属于学生欺凌进行认定，提出处置意见并通知学校和家长、学生。

县级防治学生欺凌工作部门接受申诉请求并启动复查程序的，应在复查工作结束后，及时将有关情况报上级防治学生欺凌工作部门备案。涉法涉诉案件等不宜由防治学生欺凌工作部门受理的，应明确告知当事人，引导其及时纳入相应法律程序办理。

3.强化教育惩戒作用。对经调查认定实施欺凌的学生，学校学生欺凌治理委员会要根据实际情况，制定一定学时的专门教育方案并监督实施欺凌学生按要求接受教育，同时针对欺凌事件的不同情形予以相应惩戒。

情节轻微的一般欺凌事件，由学校对实施欺凌学生开展批评、教育。实施欺凌学生应向被欺凌学生当面或书面道歉，取得谅解。对于反复发生的一般欺凌事件，学校在对实施欺凌学生开展批评、教育的同时，可视具体情节和危害程度给予纪律处分。

情节比较恶劣、对被欺凌学生身体和心理造成明显伤害的严重欺凌事件，学校对实施欺凌学生开展批评、教育的同时，可邀请公安机关参与警示教育或对实施欺凌学生予以训诫，公安机关根据学校邀请及时安排人员，保证警示教育工作有效开展。学校可视具体情节和危害程度给予实施欺凌学生纪律处分，将其表现记入学生综合素质评价。

屡教不改或者情节恶劣的严重欺凌事件，必要时可将实施欺凌学生转送专门（工读）学校进行教育。未成年人送专门（工读）学校进行矫治和接受教育，应当按照《中华人民共和国预防未成年人犯罪法》有关规定，对构成有严重不良行为的，按专门（工读）学校招生入学程序报有关部门批准。

涉及违反治安管理或者涉嫌犯罪的学生欺凌事件，处置以公安机关、人民法院、人民检察院为主。教育行政部门和学校要及时联络公安机关依法处置。各级公安、人民法院、人民检察院依法办理学生欺凌犯罪案件，做好相关侦查、审查逮捕、审查起诉、诉讼监督和审判等工作。对有违法犯罪行为的学生，要区别不同情况，责令其父母或者其他监护人严加管教。对依法应承担行政、刑事责任的，要做好个别矫治和分类教育，依法利用拘留所、看守所、未成年犯管教所、社区矫正机构等场所开展必要的教育矫治；对依法不予行政、刑事处罚的学生，学校要给予纪律处分，非义务教育阶段学校可视具体情节和危害程度给予留校察看、勒令退学、开除等处分，必要时可按照有关规定将其送专门（工读）学校。对校外成年人采取教唆、胁迫、诱骗等方式利用在校学生实施欺凌进行违法犯罪行为的，要根据《中华人民共和国刑法》及有关法律规定，对教唆未成年人犯罪的依法从重处罚。

（五）建立长效机制

各地各有关部门要加强制度建设，积极探索创新，逐步建立具有长效性、稳定性和约束力的防治学生欺凌工作机制。

1. 完善培训机制。明确将防治学生欺凌专题培训纳入教育行政干部和校长、教师在职培训内容。市级、县级教育行政部门分管负责同志和具体工作人员每年应当接受必要的学生欺凌预防与处置专题面授培训。中小学校长、学校行政管理人员、班主任和教师等培训中应当增加学生欺凌预防与处置专题面授的内容。培训纳入相关人员继续教育学分。

2. 建立考评机制。将本区域学生欺凌综合治理工作情况作为考评内容，纳入文明校园创建标准，纳入相关部门负责同志年度考评，纳入校长学期和学年考评，纳入学校行政管理人员、教师、班主任及相关岗位教职工学期和学年考评。

3. 建立问责处理机制。把防治学生欺凌工作专项督导结果作为评价政府教育工作成效的重要内容。对职责落实不到位、学生欺凌问题突出的地区和单位通过通报、约谈、挂牌督办、实施一票否决权制等方式进行综治领导责任追究。学生欺凌事件中存在失职渎职行为，因违纪违法应当承担责任的，给予党纪政纪处分；构成犯罪的，依法追究刑事责任。

4. 健全依法治理机制。建立健全中小学校法制副校长或法制辅导员制度，明确法制副校长或法制辅导员防治学生欺凌的具体职责和工作流程，把防治学生欺凌作为依法治校工作的重要内容，积极主动开展以防治学生欺凌为主题的法治教育，推进学校在规章制度中补充完善防治学生欺凌内容，落实各项预防和处置学生欺凌措施，配合有关部门妥善处理学生欺凌事件及对实施欺凌学生进行教育。

四、职责分工

（一）教育行政部门负责对学生欺凌治理进行组织、指导、协调和监督，牵头做好专门（工读）学校的建设工作，是学生欺凌综合治理的牵头单位。

（二）综治部门负责推动将学生欺凌专项治理纳入社会治安综合治理工作，强化学校周边综合治理，落实社会治安综合治理领导责任制。

（三）人民法院负责依法妥善审理学生欺凌相关案件，通过庭审厘清学生欺凌案件的民事责任，促进矛盾化解工作；以开展模拟法庭等形式配合学校做好法治宣传工作。

（四）人民检察院负责依法对学生欺凌案件进行审查逮捕、审查起诉，开展法律监督，并以案释法，积极参与学校法治宣传教育。

（五）公安机关负责依法办理学生欺凌违反治安管理和涉嫌犯罪案件，依法处理实施学生欺凌侵害学生权益和身心健康的相关违法犯罪嫌疑人，强化警校联动，指导监督学校全面排查整治校园安全隐患，协助学校开展法治教育，做好法治宣传工作。

（六）民政部门负责引导社会力量加强对被欺凌学生及其家庭的帮扶救助，协助教育部门组织社会工作者等专业人员为中小学校提供专业辅导，配合有关部门鼓励社会组织参与学生欺凌防治和帮扶工作。

（七）司法行政部门负责落实未成年人司法保护制度，建立未成年人司法支持体系，指导协调开展以未成年人相关法律法规为重点的法治宣传教育，做好未成年人法律援助和法律服务工作，有效保护未成年人的合法权益。

（八）人力资源社会保障部门负责指导技工学校做好学生欺凌事件的预防和处置工作。

（九）共青团组织负责切实履行综治委预防青少年违法犯罪专项组组长单位职责，配合教育行政部门并协调推动相关部门，建立预防遏制学生欺凌工作协调机制，积极参与学生欺凌防治工作。

（十）妇联组织负责配合有关部门开展预防学生欺凌相关知识的宣传教育，引导家长正确履行监护职责。

（十一）残联组织负责积极维护残疾儿童、少年合法权益，配合有关部门做好残疾学生权益保护相关法律法规的宣传教育，切实加强残疾学生遭受欺凌的风险防控，协助提供有关法律服务。

（十二）学校负责具体实施和落实学生欺凌防治工作，扎实开展相关教育，制定完善预防和处置学生欺凌的各项措施、预案、制度规范和处置流程，及时妥善处理学生欺凌事件。指导、教育家长依法落实法定监护职责，增强法治意识，科学实施家庭教育，切实加强对孩子的看护和管教工作。

五、工作要求

（一）深入细致部署。各地各有关部门要按照属地管理、分级负责的原则，加强学生欺凌综合治理。根据治理内容、措施及分工要求，明确负责人和具体联系人，结合本地区、本部门实际制订具体实施方案，落实工作责任。请于2017年12月31日前将省级防治学生欺凌工作负责人和联系人名单、2018年1月31日前将实施方案分别报送国务院教育督导委员会办公室。

（二）加强督导检查。省、市级教育督导部门要联合其他有关部门，定期对行政区域内防治学生欺凌工作情况进行督导检查。县级教育督导部门要对县域内学校按要求开展欺凌防治教育活动、制定应急预案和处置流程等办法措施、在校规校纪中完善防治学生欺凌内容、开展培训、及时处置学生欺凌事件等重点工作开展情况进行专项督导检查。

国务院教育督导委员会办公室适时组织联合督查组对全国防治学生欺凌工作进行专项督导，督导结果向社会公开。

（三）及时全面总结。认真及时做好防治学生欺凌工作总结，一方面围绕取得的成绩和经验，认真总结防治学生欺凌工作中带有启示性、经验性的做法；另一方面围绕面临的困难和不足，认真查找防治学生欺凌工作与社会、家长和学生需求的差距、不足和薄弱环节，查找问题真正的根源，汲取教训，研究改进，推动防治学生欺凌工作进一步取得实效。

（四）强化宣传引导。结合普法工作，开展法制宣传进校园活动，加强对防治学生欺凌工作的正面宣传引导，推广防治学生欺凌的先进典型、先进经验，普及防治学生欺凌知识和方法。对已发生的学生欺凌事件要及时回应社会关切，充分满足群众信息需求。教育行政部门要联系当地主要新闻媒体共同发布反学生欺凌绿色报道倡议书，营造反学生欺凌报道宣传的良好氛围。

参考文献

[1] [美]芭芭拉·科卢梭.如何应对校园欺凌[M].肖飒,译.上海:华东师范大学出版社,2017.

[2] [奥]MichaelPanckridge,CatherineThornton.对校园欺凌说"不"!如何重新掌控自己的人生[M].宋一辰,译.北京:中国轻工业出版社,2018.

[3] [美]贾斯汀·W.帕钦,萨米尔·K.辛社佳.校园欺凌行为案例研究[M].王怡然,译.哈尔滨:黑龙江教育出版社,2017.

[4] 宗春山.少年江湖——校园欺凌的预防和应对[M].上海:华东师范大学出版社,2018.

[5] 王大伟.校园欺凌问题与对策[M].北京:中国国际广播出版社,2017.

[6] 李爱.青少年校园欺凌现象探析[J].教学与管理(理论版),2016.

[7] 方芳.造成校园欺凌有四大原因[J].中国德育,2016.

[8] 陶建国.瑞典校园欺凌立法及其启示[J].江苏教育研究(理论A版),2015.

[9] 徐玉斌,郭艳艳.校园欺凌的原因与对策分析[J].河南教育学院学报(哲学社会科学版),2016.

[10] 刘华锦.中小学校园欺凌:危害、原因与对策[J].教育与教学研究,2017.

[11] 叶徐生.再谈"欺凌"概念[J].教育科学研究,2016.

[12] 王德伟.对校园欺凌现象的教育反思[J].基础教育研究,2015.

[13] 王献蜜,刘曼怡.初中生校园欺凌现象调查[J].中国德育,2016.

[14] 郭一建.社会工作介入流动青少年同伴欺凌行为的实践研究[J].曲靖师范学院学报,2015.

[15] 张祥，吴艳艳.浅析社会化理论视角下的校园欺凌现象——兼论社会工作的介入干预[J].太原城市职业技术学院学报，2017.

[16] 李燕秋.校园欺凌研究综述[J].教育科学论坛，2016.

[17] 魏叶美，范国睿.社会学理论视域下的校园欺凌现象分析[J].教育科学研究，2016.

[18] 石国亮，徐子梁.网络欺凌的界定及其特点分析[J].中国青年研究，2010.

[19] 杨巧，陈祉诺.青少年网络欺负的行动者特征研究[J].青年探索，2015.

[20] 任娟娟，靳宇，郭艳霞.青少年网络欺凌问题及其社会工作介入[J].教育保护，2017.

[21] 李祥，艾浩，韦卫.论我国反校园欺凌的实践困惑与立法构想[J].基础教育，2017.

[22] 张斌.我国反校园欺凌立法问题检视[J].当代教育科学，2018.

[23] 明乐齐.青少年网络欺凌行为探究[J].江苏警官学院学报，2018.

[24] 汪耿夫，王秀秀，方玉.青少年传统欺凌、网络欺凌与抑郁症状的相关性研究[J].中华预防医学杂志，2015.

[25] 刘丽琼，彭茹静.初中生网络欺负行为的普遍性及其影响[J].教育测量与评价，2014.

[26] 郑茹，星一，段佳丽.青少年网络欺凌行为流行及干预现状[J].中国学校卫生，2017.

[27] 孙时进，邓士昌.青少年的网络欺凌：成因、危害及防治对策[J].现代传播，2016.

[28] 高中建，杨月.青少年网络欺凌的历史回放及现实预防[J].青年发展论坛，2017.

[29] 汤小阳，邓平，刘国庆.青少年网络欺凌问题与防范策略探析[J].现代交际，2017.

[30] 冯建军.网络欺凌及其预防教育[J].教育发展研究，2018.

[31] 宋雁慧. 网络欺凌与学校责任[J]. 中国青年社会科学, 2015.

[32] 陈钢. 网络欺凌: 青少年网民的新困境[J]. 青少年犯罪问题, 2011.

[33] 邹逸, 殷玉新. 国外网络欺凌研究的热点内容及其应对策略研究[J]. 教育科学研究, 2017.

[34] 祝玉红, 陈群, 周华珍. 国外网络欺凌研究的回顾与最新进展[J]. 中国青年研究, 2014.

[35] 张乐. 青少年网络欺凌研究综述[J]. 中国青年研究, 2010.

[36] 汪耿夫, 方玉, 江流, 等. 安徽省中学生网络欺凌与自杀相关心理行为的关联研究[J]. 卫生研究, 2015.

[37] 俞伟跃, 耿申. 何为学生欺凌？何为校园暴力？[J]. 人民教育, 2017.

[38] 郭燕霞. 青少年网络欺凌与传统欺凌的对比研究[J]. 未来与发展, 2018.

[39] 任娟娟, 靳宇, 郭燕霞. 青少年网络欺凌问题及其社会工作介入[J]. 预防青少年犯罪研究, 2017.

[40] 江文, 吴思仪, 叶丽怡, 等. 地方高校大学生网络欺凌应对方式调查研究[J]. 东莞理工学院学报, 2015.

[41] 刘宪权, 林雨佳. 青少年网络欺凌现象的刑法规制[J]. 青少年犯罪问题, 2017.

[42] 陈莉. 积极心理学视域下的青少年网络欺凌问题研究[J]. 河南牧业经济学院学报, 2017.

[43] 贺岚. 看不见的角落——关于我国中学校园里的女孩欺凌现象的研究[D]. 重庆: 重庆师范大学, 2014.

[44] 李晴. 校园欺凌犯罪现状、原因与防控对策研究[D]. 合肥: 安徽大学, 2018.

[45] 王钰蕾. 我国反校园欺凌立法问题研究[D]. 湖南大学, 2017.